Das neue I Ging

ECON Esoterik & Leben

Zum Autor:

Paul Sneddon ist Engländer, der sich intensiv mit östlicher Weisheit und ihrer Bedeutung für Menschen im Westen beschäftigt hat. Mit seiner neuen Fassung des I Ging hat er das alte chinesische Buch des Wandels dem Verständnis des modernen Menschen geöffnet.

Paul Sneddon

Das neue I Ging

Chinesische Weisheit für heute

Übertragung aus dem Englischen
durch Wulfing und Ursula von Rohr

ECON Taschenbuch Verlag

Dieses Buch widme ich dem Andenken meines hochverehrten Vaters, James Sneddon, dessen Weisheit und Rat mich in allen meinen Unternehmungen unterstützt haben, und meiner Mutter Isabel, von der ich Mitgefühl für meine Mitmenschen gelernt habe. Mein Dank geht auch an meine Frau Carol und unsere Tochter Jacqueline, deren Dasein mein Leben bereichert und die geholfen haben, mich an die menschliche, liebevolle Natur des I Ging zu erinnern.

Veröffentlicht im ECON Taschenbuch Verlag

Deutsche Erstausgabe

© 1996 by ECON Verlag GmbH, Düsseldorf

Umschlaggestaltung: KKK, Köln
Die Ratschläge in diesem Buch sind von Autor und Verlag sorgfältig erwogen und geprüft; dennoch kann eine Garantie nicht übernommen werden. Eine Haftung des Autors bzw. des Verlags und seiner Beauftragten für Personen-, Sach- und Vermögensschäden ist ausgeschlossen.
Gesetzt aus der Rotis Sans Serif / Rotis Serif
Lektorat: Heike Neumann
Satz: Alinea GmbH, München
Druck und Bindearbeiten: Ebner Ulm
Printed in Germany
ISBN 3-612-19000-8

Inhalt

Einleitung

Das *I Ging* ist das alte chinesische Buch der Weisheit und Schicksalsbefragung, das auch als *Buch des Wandels* bekannt ist. Seit Tausenden von Jahren wird es in China als Orakel benutzt, das man konsultiert, wenn man die Zukunft wissen will. Damit scheint es in die Kategorie der Mittel der Wahrsagerei zu fallen, wie Tarotkarten, Handlesen und Astrologie, doch ist es weit älter als diese. Noch dazu sind seine Antworten oft geradezu unheimlich zutreffend, weshalb das I Ging das höchste Orakel genannt worden ist.

Manche meinen, daß der Erfolg des I Ging darauf beruhe, daß seine Aussagen fast vollständig aus vagen Platitüden bestünden, und daß es leicht sei, jede Deutung in seinen formlosen Inhalt hineinzulesen. Auf den ersten Blick könnte es so scheinen. Die Lage wird durch eine blumige Sprache und obskure Begriffe im Text noch komplizierter. Wir sollten uns jedoch daran erinnern, daß das I Ging vor Tausenden von Jahren geschrieben wurde in der Sprache jener Zeit.

So wurden die Texte im Hinblick auf solche Ereignisse formuliert, die eine Rolle spielten. Damit beziehen sich viele der ursprünglichen Aussagen auf die antiquierte Symbolik von Kampf und Krieg, Feudalherren und Fürsten und exotische Tiere. Sätze, die auf gute oder schlechte Vorzeichen hinweisen und auf Erfolg oder Versagen, bildeten einen Teil der Schicksalsdeutung.

Seit dieses Buch geschrieben wurde, haben viele angesehene Gelehrte das *I Ging* vom Chinesischen ins Lateinische, Deutsche, Englische und in zahlreiche andere Sprachen übersetzt. In den vergangenen Jahren wurden mehrere Versuche unternommen, es in eine moderne Sprache zu übertragen; dabei konnte die Sinntiefe des I Ging jedoch nicht erhalten werden. Die Leser sahen sich deshalb genötigt, entweder in den frühen Versionen

wie in einem Meer obskurer Begriffe zu schwimmen oder sich
mit einer unvollständigen Wiedergabe von Inhalt und Sinn in
späteren Fassungen abzufinden.

In den letzten Jahrzehnten hat sich das Interesse am I Ging im
Westen stark ausgebreitet; viele Anhänger behandeln Aussagen
und Urteile dieses Buches mit erstaunlichem Ernst. Deshalb ist
es bedauerlich, daß der oft undeutliche Text nicht eine noch
größere Gefolgschaft erlaubt. Diese Gedanken leiteten mich, als
ich mir die Aufgabe stellte, das Buch durch den Gebrauch unserer Gegenwartssprache und moderner Begriffe zu vereinfachen.
Gestützt auf die zahlreichen Anmerkungen früherer Gelehrter
habe ich sorgsam alle alten Symbole und Bezüge herausgenom-
men, die von Schlachten, Fürsten und exotischen Tieren han-
delten, ohne vom Kontext des Originals abzuweichen. Ich habe
mich dabei besonders darum bemüht, das Buch nicht einfach so
modern zu übersetzen, daß sich seine Aussagen nur noch auf
unsere Zeit beziehen könnten.

Diese Fassung des I Ging, die ich *Das neue I Ging* nenne, besei-
tigt die Unbestimmtheit und Verschwommenheit der alten Aussagen, während der Sinn und die Bedeutung des Textes vollständig erhalten bleiben. Die Antworten, die Sie erhalten, wenn
Sie *Das neue I Ging* benutzen, werden sehr viel genauer sein,
und ich hoffe, daß diese neue Fassung sehr viel mehr Menschen
ermutigen wird, das I Ging zu benutzen.

Das ursprüngliche I Ging

Das Konzept des Wandels

Das *I Ging* oder *Buch des Wandels* heißt zu Recht so: es ist ein Buch, das die ständigen Veränderungen des Lebens erfaßt. Um zu verstehen, was die antiken Verfasser mit Wandel gemeint haben, müssen wir einen Einblick in das Denken des Ostens gewinnen. Das menschliche Gehirn ist in zwei Hemisphären aufgeteilt, die linke und die rechte, welche durch einen großen Nervenstrang getrennt sind, der *corpus callosum* heißt. Während wir im Westen meist die linke Hemisphäre nutzen, mit der wir »die Wirklichkeit überprüfen«, benutzen Menschen aus dem Osten eher die rechte Hemisphäre, die Seite für die »Imagination«. Im Westen gebrauchen Kinder zunächst ihre Vorstellungskraft, es wird uns aber im Laufe der Zeit beigebracht, die Imagination zugunsten eines mehr rationalen, logischen Denkens zu unterdrücken. Im Osten geschieht dies nicht im selben Umfang. Das läßt sich am besten anhand der unterschiedlichen Methoden illustrieren, wie Probleme im Osten und im Westen behandelt werden. Während wir im Westen dazu neigen, Probleme direkt und logisch anzugehen, ist der Ansatz des Ostens imaginativer und indirekt.

In einem Wettkampf wird der Mensch aus dem Westen versuchen zu gewinnen, indem er überlegt, wie der Sieg in der kürzestmöglichen Zeit erreicht werden kann. Im Unterschied dazu wird sich der Mensch aus dem Osten bemühen, die Aktionen des Gegners vorauszusehen, sowohl, um dessen Aktionen zu vereiteln, als auch, um sie zum persönlichen Vorteil umzumünzen. Die enorm wachsende Beliebtheit östlicher Kampfkünste im Westen liefert uns dafür ein Beispiel. In einem Kampf wird der Mensch aus dem Westen nur überlegen, wie er einen Gegner am schnellsten zu Boden bringt und den entscheidenden Schlag führen kann. Der Mensch aus dem Osten wird warten, den Schlag oder Stoß voraussehen und versuchen, die Aktionen des Gegners gegen diesen selbst zu richten, indem er mit der Energierichtung des Schlags geht und nicht dagegen.

Die Überzeugung, daß es sinnvoller ist, sich mit den Kräften der Natur zu bewegen als gegen sie, ist eine sehr fundierte Einstellung. Seit Tausenden von Jahren haben die Chinesen die gegensätzlichen Kräfte der Natur als Yin und Yang symbolisiert. Selbst heute noch werden viele Gesundheitsbeschwerden entweder einem Überschuß oder einem Mangel an Yin oder Yang zugeschrieben.

Ursprünglich symbolisiert Yin Schatten und Yang Licht; und damit wurde das Konzept der Gegensätze dargestellt. Mit Yin beschrieb man die weiblichen oder passiven Elemente, mit Yang die männlichen oder aktiven. Nach westlichen Begriffen ist Yin »negativ« und Yang »positiv«. Viele Chinesen glauben, daß Leben und Natur aus einem Fluß zwischen Yin und Yang bestehen und daß sich alles ständig wandelt. So wie es Jahreszeiten gibt, die immer wiederkommen, so besteht Leben aus Zyklen von Auflösung und Neuaufbau, die immer wieder aufeinanderfolgen.

Das I Ging lehrt, wie sich der »Chuntzu«, der »erhabene Mensch« oder »der Edle« verhalten soll. Es stellt fest, daß ein rechtes und gutes Lehren erlangt wird, wenn der Chuntzu sein Leben in Harmonie mit dem Fluß von Yin und Yang führt und wenn er sich mit dem beständigen Voran und Zurück der vitalen Kräfte der Natur bewegt. Auf diese Weise wird er eine Öffnung seines Bewußtseins für den universalen Geist entwickeln.

Um im Gleichklang mit dem Fluß der Natur zu sein, müssen wir uns mit der Idee des zyklischen Wandels anfreunden. Im Westen bekämpfen wir Veränderungen, wann immer und wo immer sie geschehen, im Grunde genommen, weil wir glauben, daß Veränderung schlecht sei. Wir betrachten sogar einen Wandel, der offensichtlich zum Besten ist, voller Mißtrauen und Ablehnung. Wandel ist jedoch unvermeidlich; zyklischer Wandel um so mehr. Die Natur beruht auf zyklischem Wandel: Wie der Winter dem

Sommer folgt und die Nacht dem Tage, so ereignen sich in jedem Bereich des Lebens laufend Veränderungen. Die Dinge können sich nicht fortwährend verbessern, noch können sie immerzu schlechter werden. Es gibt notwendigerweise immer irgendwo ein Ende, eine Atempause. An diesen Punkt setzt die Wende ein, und der zyklische Prozeß beginnt von neuem. So ist es auch mit dem Leben selbst. Auf die Geburt folgt ausnahmslos der Tod. Dem Guten folgt das Schlechte, dem Schlechten das Gute. Die Geschichte beweist, daß auf Frieden immer Krieg folgt und auf Krieg Frieden. Auf Freizügigkeit folgt Puritanismus und umgekehrt. Modeerscheinungen sterben aus, nur um später wiederaufzutauchen. Nur indem wir die Unvermeidlichkeit des zyklischen Wandels akzeptieren und uns darauf einstellen, können wir Harmonie erreichen und Seelenfrieden erlangen. Das ist die Grundlage des Konzepts des Wandels im I Ging.

Geschichte des I Ging

Das I Ging ist im wesentlichen eine Sammlung von 64 kurzen Ausführungen, die sich auf die alte chinesische Philosophie beziehen. Man stellt eine Frage und wirft Stöckchen oder Stäbe. Das Resultat dieser Würfe führt zur zufälligen Auswahl einer dieser 64 Ausführungen, die sich dann auf irgendeine Weise auf die Frage beziehen soll. Die Ausführungen werden durch 64 Symbole dargestellt, die als »Hexagramme« bekannt sind. Das sind Diagramme, die aus sechs durchbrochenen oder durchgezogenen Linien bestehen. Jedes Hexagramm besteht wiederum aus zwei »Trigrammen«, die jeweils von drei durchbrochenen oder durchgezogenen Linien gebildet werden. Es ist interessant festzustellen, daß rund 2000 Jahre verstrichen, bevor aus den ursprünglichen Trigrammen Hexagramme entstanden.
3322 v. Chr. wollte Kaiser Fu-hsi zwischen den gegensätzlichen Naturkräften Yin und Yang unterscheiden. Er wählte eine durchbrochene Linie (— —) als Symbol für Yin und eine durch-

gezogene Linie (──), um Yang darzustellen. Ob nun aufgrund
eines Einfalls oder durch eigenes Nachdenken schuf er vier neue
Figuren, indem er Kombinationen durchbrochener und durch-
gezogener Linien bildete (==, = =, ══, ═=). In einem nächsten
Schritt schuf er die Trigramme, indem er diesen vier Figuren
jeweils eine durchbrochene oder eine durchgezogene Linie hin-
zufügte. Auf diese Weise entstanden acht Trigramme. Er gab
jedem einen Namen, der seine natürlichen Eigenschaften und
Symbole zum Ausdruck brachte.

Trigramm	Name	Eigenschaften	Bilder und Symbole	
☰	Ch'ien	kreativ, männlich, aktiv	Himmel	Vater
☷	K'un	empfänglich, weiblich, passiv	Erde	Mutter
☳	Chen	Bewegung, Bedrohung	Donner	1. Sohn
☵	K'an	Tiefe, Gefahr	Wasser	2. Sohn
☶	Ken	gehemmter Fortschritt	Berg	3. Sohn
☴	Sun	sanftes Eindringen	Holz, Wind	1. Tochter
☲	Li	Leuchten, Schönheit	Feuer	2. Tochter
☱	Tui	Zufriedenheit	See, Sumpf	3. Tochter

Es ist leicht zu sehen, wie die alten Urheber dieser Texte Eigenschaften, Bilder und Symbole miteinander verbanden. Zum Beispiel ist ein Berg offensichtlich ein Hindernis, das den Fortschritt hemmt. Die Flammen eines Feuers sind strahlend und

schön. Im Donner eines Gewitters gibt es ein großes Element
von Bewegung und Bedrohung. Ähnliche Verbindungen bestehen zwischen den anderen Eigenschaften, Bildern und Symbo-
len. Die männlichen Attribute zeigen Kraft und Bewegung an,
die weiblichen Freude und Passivität.

Man hat diese Trigramme auch als die ältesten Äußerungen des
menschlichen Verstandes bezeichnet. Vielleicht sind sie das. Es
möge jedoch genügen zu sagen, daß sie vor 5000 Jahren in Gebrauch waren. Man hat Schildkrötenpanzer ausgegraben, die aus
dieser Epoche stammen und auf denen die acht Trigramme ein-
geritzt waren. Es gibt einige Hinweise darauf, daß die Trigramme
als ein frühes Hilfsmittel der Zukunftsdeutung benutzt wurden.

In den folgenden 2000 Jahren entwickelten die Chinesen ihre
bemerkenswerte Frühkultur. 2850 v. Chr. begann das legendäre
Goldene Zeitalter Chinas. Die ebenso legendäre Hsia-Dynastie
begann 2205 v. Chr., ihr folgte die Schang-Dynastie 1600 v. Chr.,
die von der Chou-Dynastie 1027 v. Chr. abgelöst wurde. In den
letzten Jahren der Schang-Dynastie bildete König Wen, der
Begründer der Chou-Dynastie, die Hexagramme.

Wen wurde 1143 v. Chr. von Kaiser Yu-li in der Provinz von Ho-
nan gefangengesetzt. In diesem und im folgenden Jahr entwickelte er die Hexagramme, indem er die acht ursprünglichen
Trigramme in allen denkbaren Kombinationen zusammenführte,
welche durch die Verbindung von jeweils zwei Trigrammen entstehen konnten. Das Ergebnis waren die 64 Hexagramme.

Manche der Hexagramme scheinen denselben chinesischen
Namen zu tragen. Das ist so wegen der subtilen Eigenheiten der
chinesischen Sprache. Anhand der deutschen Übertragungen der
Namen läßt sich jedoch erkennen, daß ihre tatsächliche Bedeu-
tung völlig unterschiedlich ist. König Wen interpretierte die
Bedeutung der Hexagramme und schrieb 64 kurze begleitende
Ausführungen. Diese bilden die Prophezeiungen, man nennt sie
»Urteile«. Es ist am Rande interessant, daß allein die Hexagramme
und ihre Urteile das eigentliche I Ging ausmachen. Alles andere

ist seinem Wesen nach Kommentar oder Erklärung der Texte der Urteile. König Wen tat nichts anderes, als die Hexagramme zu entwerfen und sie in seinen Urteilen zu interpretieren.

Irgendwann während der nächsten 60 Jahre, sicher nicht später als bis zu seinem Tod 1105 v. Chr., stellte der Herzog von Chou, König Wens Sohn, die »Linien« zusammen. Das waren seine Deutungen vom Sinn der einzelnen durchbrochenen oder durchgezogenen Linie innerhalb jedes Hexagramms. Er interpretierte die Bedeutung aller 384 Einzellinien und hielt sich dabei an den allgemeinen Sinn der Hexagramme, wie ihn sein Vater niedergelegt hatte. Auf diese Weise setzte er die Arbeit seines Vaters fort, indem er die Möglichkeiten erweiterte, mit den Hexagrammen das Schicksal zu deuten.

In den nächsten 600 Jahren begannen die Chinesen, das I Ging als ein Orakel und als eine Hilfe zur Zukunftsdeutung zu benutzen. Selbst Konfuzius wurde von diesem Buch stark beeinflußt, und vieles, was wir heute als die Lehren des Konfuzius kennen, beruht darauf; ebenso vieles im Taoismus. Zum Ende seines Lebens entschloß sich Konfuzius, dem Buch seine eigenen Bemerkungen hinzuzufügen. 483 v. Chr. schrieb er seine berühmten »Kommentare« und »Bilder« zum I Ging. Die Kommentare sind seine Anmerkungen zu den Urteilen von König Wen, die Bilder beziehen sich auf die Linien des Herzog von Chour.

Jahrhunderte hindurch haben sich Tausende von Gelehrten mit ihren besten Fähigkeiten bemüht, das I Ging zu interpretieren. Die komplexe chinesische Sprache war ihnen dabei keine Hilfe. Einer der bedeutendsten Gelehrten war der Deutsche Richard Wilhelm, ein zweiter James Legge, ein Sinologe aus dem 19. Jahrhundert. Sein Ansatz unterschied sich von dem seiner Vorgänger. Während frühere Übersetzer meist wörtlich aus dem Chinesischen übertragen hatten, erkannte Legge, daß die chinesischen Schriftzeichen nicht so sehr Worte waren, sondern vielmehr ganze Ideen zum Ausdruck brachten. So gelang es ihm, das I Ging in einer klassischen Fassung zu übertragen, die auch heute noch Gültigkeit hat. Die Aussagen und Deutungen darin kommen den ursprünglichen Vorstellungen der antiken Verfasser sehr nahe. (Im deutschen Sprachraum gilt Richard Wilhelms Übertragung nach wie vor als die beste Fassung des alten I Ging, die auch von anderen westlichen Autoren als Vorlage für die Übersetzung in weitere westliche Sprachen benutzt wurde. Anm. d. Ü.)

Religion und I Ging

Um das Wesen des I Ging zu verstehen, müssen wir eine Vorstellung von der Welt und der Zeit haben, aus der es stammt. Im 12. Jahrhundert v. Chr. war das Leben in China von einer lang andauernden Feudalherrschaft bestimmt. Rivalisierende Kriegsherren bekämpften sich untereinander, jeder verlangte dabei die Loyalität seiner Untertanen. China war auch zu jener Zeit eine isolierte Gesellschaft, vor allem, weil seine Menschen ständig im Krieg miteinander lagen. Demzufolge gab es nur wenige Einflüsse, die aus dem Ausland nach China kamen.

Damals war China eine der ältesten Kulturen der Erde. Nur im Mittelmeerraum waren ähnlich strukturierte Gesellschaften zu finden. Ägypten hatte jahrhundertelang geblüht und befand sich nun im Abstieg. Die minoischen und hittitischen Kulturen waren gewachsen und gestorben. Die phönizische Zivilisation wuchs noch und handelte mit Ägypten. Die griechische Kultur entstand gerade erst.

Ein Jahrhundert zuvor hatte unter Ramses II. die Unterdrückung der Israeliten begonnen, und Moses hatte sie aus Ägypten geführt; in der Folge drangen die Israeliten unter der Führung von Josua in Palästina ein.

Viele verschiedene Gottheiten wurden angebetet, obwohl es stimmen mag, daß es nur in Ägypten irgendeine Form der staatlich organisierten Religion gab. Wir können davon ausgehen, daß sie von den Pharaonen nur als ein Mittel der Selbsterhaltung eingeführt worden war. Es gab eine viel ältere Religion, die von den Israeliten ausgeübt wurde. Dies war die erste große monotheistische Religion: das Judentum.

Obwohl das Judentum in seinen Grundformen von den Juden seit der Geburt ihrer Rasse ausgeübt worden war, nahm es doch eine organisierte und positive Form erst an, als Moses die jüdischen Stämme aus Ägypten führte und ihnen die Zehn Gebote überbrachte. Das geschah etwa 1230 v. Chr., 87 Jahre bevor König Wen die Hexagramme entwarf und seine Urteile dazu verfaßte. Ob es irgendeine Verbindung zwischen dem mosaischen Gesetz und der Niederschrift des I Ging gab, bleibt Spekulation. Diese beiden Gesellschaften hatten aus verschiedenen Gründen wohl sehr wenig Austausch. Es gibt noch nicht einmal einen Beweis dafür, daß die beiden Völker überhaupt voneinander wußten. Die Juden waren damit beschäftigt, sich eine neue Heimstatt zu bauen, und die Chinesen waren in Kämpfe verstrickt, welche den Untergang einer Dynastie und die Geburt einer anderen besiegelten. Dazu kommt, daß das Judentum nie als eine missionierende Religion auftrat. Jude zu sein heißt als Jude geboren worden zu sein. Deshalb ist es unwahrscheinlich, daß sich die Juden bemüht hätten, ihren Glauben und ihre ethischen Lebensregeln zu verbreiten.

Dennoch bleibt die Tatsache, daß die Glaubenssätze der Zehn Gebote den Urteilen im I Ging unglaublich ähnlich sind. Den Juden wurde aufgetragen, nicht zu töten, keinen Ehebruch zu begehen, kein falsches Zeugnis abzulegen, keine falschen Götter anzubeten, nicht zu stehlen und nicht ihres Nachbarn Frau oder Habe zu begehren – alles das sind sinnvolle Gebote für die Bildung einer Gesellschaftsstruktur. Im Vergleich dazu sind die Urteile des I Ging voll ähnlicher Vorhaltungen, wie man sich auf gesellschaftlich annehmbare Weise zu verhalten habe.

Wie kommt es, daß die Urteile von König Wen und die Linien seines Sohnes, des Herzogs von Chou, so stark dem Verhaltenskodex gleichen, den Moses den Juden gab? Vielleicht gab es zu jener Zeit einen universellen Glauben an den Unterschied zwischen Gut und Böse, aber das ist doch zweifelhaft. Sicher erinnerten die Urteile und Linien an eine Sammlung von Omen, wie zum Beispiel an den Glauben, daß schwarze Katzen Unglück brächten. Jede Kultur entwickelt solche Omen, und in einer kriegerischen Gesellschaft kann man erwarten, daß sie populär sind. Tafeln mit Omen, die bis auf 2000 v. Chr. zurückgehen, sind aus der babylonischen Kultur bekannt, und es ist möglich, daß diese auch ihren Weg nach China gefunden hatten. Die Babylonier waren allerdings nicht gerade für ein vorbildliches Verhalten berühmt. Es ist unwahrscheinlich, daß ihre Omen einen Einfluß auf die Gestaltung des I Ging genommen haben.

Es gibt einige Hinweise darauf, daß die Chinesen ihre Gesellschaft allein anhand der Richtlinien von Anstand und korrektem Verhalten entwickelt haben. Denken wir daran, daß ihre Kultur eher zur Höflichkeit unter den Menschen anhielt als sich religiöser Diktate bediente. Es ist auch möglich, daß die chinesische Gesellschaft eine kollektive »Gewächshaus«-Mentalität verinnerlicht hatte, wonach man dem anderen nichts antut, was man nicht vom anderen erleben möchte. Das enthält einen notwendigen Bindefaktor: Angst. Während Anhänger einer Religion von gewissen Taten absehen aus Angst vor der göttlichen Vergeltung in der nächsten Welt, halten sich die Anhänger der Gewächshaus-Mentalität auf ähnliche Weise zurück, weil sie für falsches Tun menschliche Vergeltung in dieser Welt erwarten.
Die Chinesen hatten lange schon an die mystischen Eigenschaften der Natur geglaubt. Sie beobachteten den zyklischen Wandel der Jahreszeiten und übertrugen ihn auf das menschliche Leben und Verhalten. Sie glaubten auch fest an die Einheit des Universums. Alles hing eng miteinander zusammen. Wenn ein Mensch einen Arm nach rechts bewegte, glaubten sie, daß sich auch das gesamte Universum dorthinbewegte. Daraus entstand ihr Glaube an den Nutzen für die Gemeinschaft. Gutes Verhalten gegenüber einer Person bewirkte, daß der Nutzen für die ganze Gesellschaft zunahm. Es gibt hier eine Parallele zu den Worten Christi,

der tausend Jahre später sagte: »Was ihr dem geringsten meiner Brüder getan habt, das habt ihr mir getan.«

Eine weitere wichtige Tatsache ist die Beziehung zwischen dem Buddhismus und den Kommentaren und Bildern, die Konfuzius zum I Ging schrieb. Soweit man weiß, besteht zwar keine offensichtliche Beziehung zwischen den beiden, und sicher gibt es keinen Beweis dafür, daß die zwei Kulturen, die chinesische und die indische (zur damaligen Zeit; Anm. d. Ü.), irgendeinen Austausch pflegten. Dennoch waren beide Männer Zeitgenossen. Buddha starb 480 v. Chr., Konfuzius ein Jahr später, 479 v. Chr. Das ist ein bemerkenswertes Zusammentreffen.

Nun, wir sind noch nicht sehr viel schlauer. Wirkten äußere Einflüsse auf die Zusammenstellung des I Ging ein, oder war dieses Buch rein das Produkt der chinesischen Philosophie jener Zeit? Ein Gottgläubiger, gleich welcher Religion, mag es vielleicht als bedeutungsvoll ansehen, daß das I Ging ungefähr zur selben Zeit niedergeschrieben wurde, als die Zehn Gebote erlassen wurden. Er könnte meinen, daß – unabhängig von der Überlegung, ob das Judentum die chinesische Kultur irgendwie in den kurzen 87 Jahren danach direkt beeinflußt hatte oder nicht – Gott einfach zwei Methoden anwandte, um eine Botschaft unterschiedlichen Kulturen mitzuteilen.
Welcher denkende Mensch glaubt heute noch an eine parteiische Gottheit, die nur eine einzige Rasse auserwählen würde, um den göttlichen Lehren zu folgen? Die Vorstellung, daß Gott eine Vielzahl von Rassen auf die Erde setzen würde und daraus nur eine einzige ein Leben nach dem Tod erlangen könnte, ist absurd. Wenn wir sie vergleichen, stellen wir fest, daß alle wichtigen Religionen der Erde dieselben Grundregeln haben. Die Unterschiede sind hauptsächlich »kosmetischer«, also oberflächlicher Art, um den Temperamenten der verschiedenen Völker zu entsprechen.
Es ist vernünftiger zu glauben, daß Gott sich verschiedenen

Völkern zu wechselnden Zeiten auf unterschiedliche Weise manifestieren würde. Deshalb ist es gut möglich, daß das I Ging Gottes Methode darstellt, die Chinesen zu belehren. Während heutzutage Christen und Juden die Bibel lesen und Muslime den Koran, konsultieren die Chinesen das I Ging. Vielleicht können Menschen aus dem Westen, wenn sie das rechte Motiv und einen Glauben an einen universalen Geist hegen, aus dem Studium des I Ging ebenfalls spirituellen Nutzen ziehen. Zumindest ist es kein Schaden, wenn wir lernen, unser Verhalten gegenüber den Mitmenschen zu verbessern.

Die Funktion des I Ging

Das I Ging lädt ein zur Meditation, indem es eine größere Bewußtheit der Welt bietet und sowohl Selbsterkenntnis wie Beziehungsfähigkeit zur Umwelt lehrt. Es gilt als eine umfassende Methode, die Erde und das Universum als eine organisierte Ganzheit zu betrachten. Es schafft Ordnung im Chaos. Es sagt auch die Zukunft voraus. Dies beruht auf dem chinesischen Glauben, daß sich die Zukunft in Übereinstimmung mit festen Gesetzen und berechenbaren Zahlen entwickelt. Falls man diese Zahlen kennt, kann man zukünftige Ereignisse mit absoluter Sicherheit kalkulieren. (Das I Ging beschäftigt sich allerdings nicht mit Leichtfertigkeiten wie mit Ergebnissen von Pferderennen.)

Das I Ging hat eine eigene Persönlichkeit. Man muß sich ihm mit Respekt nähern, so wie ein Student Anleitung von einem verehrten Lehrer sucht. Wesentlich ist ein offener Geist, ebenso die Bereitschaft, die Anleitung anzunehmen. Das I Ging ist das Ergebnis der miteinander verbundenen Weisheit der verehrtesten chinesischen Weisen, die vor Tausenden von Jahren lebten. Seine Aussagen sollten deshalb mit einer gewissen Ehrfurcht behandelt werden. Wir müssen uns daran erinnern, daß die alten Verfasser dieses Buchs anders dachten als wir heute, aufgrund der unterschiedlichen Gesellschaftsform und wegen der

grundsätzlichen Unterschiede im Denken und in der Erziehung
zwischen dem Osten und dem Westen.

Die Antworten, die man erhält, wenn man das I Ging befragt,
mögen deshalb manchmal begrenzt erscheinen. Wenn Sie
jedoch über eine Antwort nachsinnen, werden Sie fast immer
darauf kommen, wie sie sich auf Ihre spezielle Frage bezieht.
Insofern ist das I Ging eine Meditationshilfe. Man muß erst über
die Frage meditieren und dann über die Antwort, welche durch
die Bildung des entsprechenden Hexagramms gegeben wird.
Das I Ging behauptet nicht, daß irgend etwas definitiv passieren
wird; statt dessen lenkt es die Aufmerksamkeit des Fragestellers
auf mögliche Alternativen. Die Antwort, die man erhält, weist
auf die wahrscheinlichen Konsequenzen hin, die sich aus den
Handlungen ergeben, wenn man den einen oder den anderen
Weg einschlägt. Das ist die einfache, grundlegende Funktion des
I Ging.

Das neue I Ging

Grund und Sinn des neuen I Ging

Bis vor kurzem war das I Ging, wie wir es im Westen kennen, das Ergebnis des maßgeblichen Werkes von Richard Wilhelms und James Legges brillanter Übersetzung aus dem 19. Jahrhundert. Legges Beitrag war, wie bereits erwähnt, eine klarere Übersetzung als die seiner Vorgänger, aber immer noch gab es auch bei ihm Hindernisse für jeden Leser, der das Orakel verstehen wollte. So mußte der Leser, wenn er einmal ein Hexagramm gebildet hatte, an zehn verschiedenen Stellen Elemente der entsprechenden Antwort nachsehen.

In seiner Ausgabe der Legge-Übersetzung von 1971 verband Raymond Van Over auf mühevolle Weise viele Notizen aus Legges Anhang, so daß Urteil, Kommentar, Bild und Linien alle unter einer einzigen Überschrift zusammengefaßt waren. Ohne Van Overs Textfassung hätte die Niederschrift dieser neuen Version des I Ging viele Jahre länger gebraucht und wäre vielleicht nicht so genau geworden.

Ich begegnete dem I Ging 1983. Es erwies sich als eine höchst bemerkenswerte Hilfe, um Entscheidungen zu treffen. Ich habe mich immer als einen eher unentschlossenen Menschen gesehen, aber nachdem ich mehr und mehr Interesse an den Antworten des I Ging entwickelte, stellte ich fest, daß meine Unentschiedenheit verschwand. Obwohl das Buch mir keine Entscheidungen abnahm, half es mir, sie selbst zu treffen, indem es die Logik verschiedener Handlungsweisen und die möglichen Folgen beschrieb.

Wie viele Leser vor mir wurde ich jedoch von der obskuren Symbolik des Textes etwas entmutigt. Die Bezüge auf Fürsten, Tiger und Gänse hatten für das moderne Alltagsleben keine Bedeutung. Wie ich mich auch bemühte, ich konnte nicht mehr als flüchtige Hinweise auf meine Fragen finden. Anfangs versuchte ich einen festgelegten Sinn für die Schlüsselsätze herauszufinden, die immer wieder auftauchen, aber leider gab es keine folgerichtige Übereinstimmung. Ich erkannte, daß die Sätze ihren Sinn aus dem Kontext der jeweiligen Hexagramme bezogen. Es gab also keine »Abkürzung«, um ein generelles Verständnis für das Buch zu entwickeln. Mir blieb nichts anderes übrig, als die Prophezeiungen immer dann neu zu deuten, wenn sie auftauchten. Das empfand ich als unbefriedigend, weil ich spürte, daß die Genauigkeit durch die natürliche menschliche Neigung litt, den Text den eigenen Wünschen gemäß oder nach den persönlichen Befürchtungen auszudeuten.

Ich entschloß mich also, das I Ging von Grund auf in moderner Sprache und nach heutigen Weltvorstellungen neu zu schreiben. Diese Aufgabe wurde durch die Notwendigkeit erschwert, auch nicht im mindesten vom ursprünglichen Sinn des Textes abzuweichen. Mehrere moderne Fassungen hatten diesem Anspruch nicht genügt. Auch hatte ich nicht die Absicht, in meiner neuen Fassung des Orakels meine eigenen Ideen und Vorstellungen einzubringen, sondern vielmehr jene der ursprünglichen Verfasser zu bewahren. Mit jedem Schritt, den meine Arbeit voranging, gewann ich Ermutigung. Wo ein Wort ausreichen würde statt drei oder vier, benutzte ich das eine. Das Ergebnis war ein deutlicherer und vereinfachter Text. Insbesondere erfolgt die Übersetzung der Linien in wenigen Worten, womit die wesentliche Funktion des Textes unterstützt wird, als ein Katalysator für die Intuition des Lesers zu wirken.
Als Beispiel bringe ich zunächst den Text des Urteils für das Hexagramm 48, CHING – Ein Brunnen, in der Version von Legge, danach meine neue Kurzfassung:

> **Urteil:** Wenn wir Ching betrachten, denken wir daran, wie sich das Gesicht einer Stadt verändern kann, während sich die Bauweise ihrer Stadtmauern nicht verändert. Das Wasser eines Brunnens

verschwindet nie und erhält nie große Vermehrung, und jene, die kommen und gehen, können daraus Wasser schöpfen und sich daran erfreuen. Falls das Heraufziehen beinahe vollendet, aber der Eimer zerbrochen ist, bevor das Seil das Wasser ganz erreicht hat, ist das von Übel.

Nun also meine Fassung.

Urteil: Ching stellt gegenseitige Hilfe dar, wie sie vom unwandelbaren Wesen eines Brunnens symbolisiert wird, dessen Wert davon abhängig ist, daß man Wasser aus ihm schöpft.

Offensichtlich ist die zweite Fassung klarer. Sie ist einfacher und stellt den Sinn des Hexagramms deutlicher dar als die erste Version. Sie werden feststellen, daß vom ursprünglichen Sinn nichts verlorengegangen ist.
Meine größte Schwierigkeit bestand in der Übersetzung der Linien. Die Texte des Herzogs von Chou wichen manchmal vom Kontext der Hexagramme ab, auf die sie sich bezogen. Meine Aufgabe bestand also darin, den Kontext zum entsprechenden Hexagramm wiederherzustellen, während der ursprüngliche Sinn der einzelnen Linien unverändert blieb. Sehen wir uns als Beispiel die Linien 9 am 2. Platz an, im Hexagramm 50, TING – Der Kessel.

9 am 2. Platz: Die zweite ungebrochene Linie zeigt den Kessel mit den Dingen, die darin gekocht werden. Falls der Fragende sagen kann: »Mein Feind verabscheut mich, aber er kann sich mir nicht nähern«, wird Glück die Folge sein.

9 am 2. Platz: Durch Vorsicht kann man vermeiden, Feinden etwas in die Hand zu geben.

Erneut wird offensichtlich, wieviel klarer die zweite Fassung ist. Sie ist verständlicher, gebraucht keine unnötigen Worte, und der ursprüngliche Sinn bleibt erhalten. Der Text erfordert immer noch ein Nachdenken, das aber durch seine Vereinfachung leichter gemacht wird.

Wie man das neue I Ging befragt

Um das neue I Ging zu konsultieren, müssen Sie sich erst eine
Frage überlegen. Die beste Art von Frage ist eine direkte: »Sollte
ich dies und jenes zu dieser Zeit tun? Wird mein Treffen mit …
morgen erfolgreich sein?« Das beste Vorgehen besteht darin, die
Frage aufzuschreiben, damit man sie nicht vergißt. Dann ist man
bereit, das Orakel zu befragen. Man muß ein Hexagramm erlangen, das Aussagen macht, welche die Frage hoffentlich beant-
worten. Um zu einem aussagekräftigen Hexagramm zu kommen,
muß sich der Fragesteller den Gesetzen des Zufalls unterwerfen.
Traditionell gibt es zwei Wege, um ein Hexagramm zu bilden:
indem man eine Anzahl von Schafgarbenstäbchen oder drei
Münzen wirft. Die Handhabung von Schafgarbenstäbchen mag
eine tiefgreifende rituelle Wirkung haben, aber die meisten
Leser werden es vorziehen, die einfachere und weniger zeitauf-
wendige Methode zu verwenden, bei der man drei Münzen
wirft. Aus diesem Grund wird die Prozedur mit Schafgarbenstäbchen hier nicht beschrieben.

Der Fragesteller nimmt drei Münzen zur Hand. Welchen Wert sie
haben, ist unwichtig, obwohl es besser ist, wenn sie alle denselben Wert haben. »Kopf« stellt gewöhnlich Yang dar, »Zahl« steht
für Yin. Bei jedem Wurf zählt Kopf als 3 und Zahl als 2. Es gibt
vier Arten von Linien, die man durch einen Wurf mit drei Münzen bilden kann.

Die Münzen zeigen	Wert		dargestellt durch
3x Zahl	6	(veränderliche Linie)	—x—
2x Zahl, 1x Kopf	7	(junges Yang)	———
1x Zahl, 2x Kopf	8	(junges Yin)	— —
3x Kopf	9	(veränderliche Linie)	—o—

Das erforderliche Hexagramm wird gebildet, wenn wir die drei
Münzen sechsmal werfen. Wir nehmen sie in beide Hände,

schütteln sie und lassen sie fallen oder werfen sie. Am besten macht man das über der Mitte eines Tisches, so daß die Münzen nicht davonrollen. Der Wert der Münzen (Kopf 3, Zahl 2) wird addiert, und man zeichnet die entsprechende Linie auf das Papier, auf dem die Frage steht. Die erste Linie dient als Basis des Hexagramms, die folgenden Linien werden jeweils darüber gezeichnet. Das Hexagramm wird also von unten nach oben aufgebaut, und der Vorgang des Münzwurfs wird sechsmal wiederholt, bis das Hexagramm gebildet ist. Hier ein Beispiel:

1. Schritt: Nehmen wir an, unser erster Wurf
bringt 1x Zahl und 2x Kopf.   —— ——
Das ergibt 8. Wir schreiben:

2. Schritt: Unser zweiter Wurf ist vielleicht
3x Kopf. Das macht 9. Wir schreiben: ——o——

3. Schritt: Unser dritter Wurf ist 1x Zahl und
2x Kopf. Das ergibt 8. Wir schreiben: ——o——

4. Schritt: Unser vierter Wurf ist 1x Zahl und
2x Kopf. Das macht 8. Wir schreiben: ——o——

5. Schritt: Unser fünfter Wurf ist 2x Zahl und
1x Kopf. Das ergibt 7. Wir schreiben: ——o——

6. Schritt: Unser sechster Wurf ist 3x Zahl.
Das macht 6. Wir schreiben: ——x——
                                             ——o——

Wir haben nun ein Hexagramm gebildet. Es sieht so aus:

Wir dürfen die veränderlichen Linien nicht übersehen. Diese Linien tragen ihren Namen wegen ihrer Tendenz, ihre Polarität umzukehren. So wird sich eine bewegliche 6 (—x—), die ursprünglich eine durchbrochene Linie ist, in eine durchgezogene Linie wandeln (———). Ebenso verändert sich eine bewegliche 9 (—o—) von einer durchgezogenen Linie zu einer durchbrochenen Linie. (— —). Damit ändert sich also das Hexagramm aus unserem Beispiel auf folgende Weise:

Die Wirkung veränderlicher Linien auf ein Hexagramm

—x—
— —   verändert sich in   ═══
—o—   ═══

Der nächste Schritt besteht darin, sich den Schlüssel zu den Hexagrammen anzusehen, den Sie auf Seite 161 finden. Die obere Reihe zeigt die oberen drei Linien, also das obere Trigramm, und die Seitenspalte links zeigt die unteren drei Linien, also das untere Trigramm. Sie entnehmen die Nummer Ihres Hexagramms der Tabelle. In unserem Beispiel trägt das erste Hexagramm die Nummer 29; das zweite Hexagramm, das sich bildet, wenn man die veränderlichen Linien berücksichtigt, trägt die Nummer 20.
Nun kehren wir zum Blatt mit unserer Frage zurück, worunter das erste Hexagramm 29 gezeichnet ist, das die beiden veränderlichen Linien enthält. Daneben zeichnen wir jetzt das neue Hexagramm 20, in dem sich die veränderlichen Linien des ersten Hexagramms gewandelt haben. Nehmen wir an, daß die Frage lautet: »Soll ich jetzt eine andere Arbeit suchen?« Das Blatt sieht also so aus:

Frage mit Hexagrammen

Frage: Soll ich jetzt eine andere Arbeit suchen?

—x— Das ist Hexagramm	═══ Das ist Hexagramm
—x— Nummer 29	═══ Nummer 20
—o— K'an (Gefährliche Tiefe)	— — Kuan (Betrachtung)

Nun ist es an der Zeit, die Aussagen zu lesen. Falls es keinerlei veränderliche Linien im Hexagramm gäbe, das durch die sechs Münzwürfe gebildet wird, würden wir nur den Text des jeweiligen Hexagramms, also die Aussagen des Urteils, des Kommentars und des Bildes lesen. Falls jedoch, wie in unserem Beispiel, im Hexagramm veränderliche Linien auftauchen, lesen wir die Aussagen zu den entsprechenden Linien des ersten Hexagramms, den Text des ersten sowie den Text des zweiten Hexagramms. In unserem Beispiel lesen wir zunächst die Aussagen zu den Linien des Hexagramms Nr. 29, dann Urteil, Kommentar und Bild von Nr. 29 und schließlich noch Urteil, Kommentar und Bild von Hexagramm Nr. 20.

Hexagramm 29

9 am 2. Platz: Obwohl eine Gefahr unausweichlich ist, wird sie nicht zunehmen.

6 am 6. Platz: Unfähigkeit, sich außer Gefahr zu begeben, selbst wenn sie am größten ist, wird zu Unglück führen.

Urteil: K'an stellt eine Gefahr dar und wie man wieder aus ihr herauskommt. Würdige Handlungen des Rechtschaffenen werden von hohem Wert sein.

Kommentar: K'an weist auf die Wichtigkeit hin zu erkennen, wann man in Gefahr handeln soll und wann nicht. Anstand und Rechtschaffenheit werden sich gegen die Bedrohung durch Gefahren durchsetzen.

Das Bild: K'an symbolisiert die Notwendigkeit, allzeit wachsam zu sein, um die Tugenden zu pflegen, damit man mit Gefahr fertig wird, wann immer sie auftauchen mag.

Das sind die Aussagen aus dem ersten Hexagramm. Sehen wir uns nun den Text des zweiten, dazugehörigen Hexagramms an.

Hexagramm 20

Urteil: Kuan stellt die Weise dar, wie wir vor anderen erscheinen sollten – voller Ernsthaftigkeit und mit würdiger Ausstrahlung.

Kommentar: Kuan zeigt, wie der Edle von Untergebenen angesehen werden sollte.

Das Bild: Kuan symbolisiert, wie ratsam es ist, die Bedürfnisse der Menschen zu erforschen, bevor man eine Entscheidung fällt.

Damit ist die Lesung der Aussagen beendet, die sich auf unser erstes Hexagramm Nr. 29 und sein Wandelzeichen Nr. 20 beziehen. Nun müssen wir diese Aussagen in Bezug zu unserer Frage setzen und im Licht unserer Kenntnis der Situation interpretieren. Mitunter ergeben sich Hexagramme ohne veränderliche Linien, so daß also kein zweites Hexagramm oder Wandelzeichen gebildet wird. Häufiger wirft man jedoch zumindest eine veränderliche Linie, die dann das Ursprungshexagramm wandelt. Die Gesamtzahl von Aussagen oder »Permutationen«, die sich aus der Kombination aller Möglichkeiten ergibt, ist 64^2 oder 4096. Das dürfte als ausreichend betrachtet werden, um alle menschlichen Bedingungen oder Situationen auszudrücken.
Mir bleibt nur noch, Ihnen Erfolg beim Umgang mit dem *neuen I Ging* zu wünschen. Wie auch sonst im Leben werden Übung und Beharrlichkeit den Zugang zu diesem Buch erleichtern und Ihr Wissen vertiefen. Nach und nach wird sich Ihr Verständnis für den Reichtum an Weisheit und Ratschlägen des I Ging öffnen. So können Sie echte Selbstfindung erreichen.

Die Hexagramme

Die 64 I-Ging-Zeichen mit den Texten zum Urteil,
Kommentar, Bild und zu den veränderlichen Linien

1   CH'IEN – Das Schöpferische, der Himmel

Oberes Trigramm – Ch'ien, Himmel

Unteres Trigramm – Ch'ien, Himmel

Urteil   Ch'ien stellt Ursprünglichkeit, Korrektheit und günstige Umstände dar.

Kommentar Ch'ien weist auf Ursache und Wirkung hin. Es zeigt auch Würde und Weisheit an. Um Harmonie zu erlangen, kommt es auf die Bereitschaft zu Wandlung und Transformation an.

Das Bild   Ch'ien symbolisiert Stärke, dazu Erneuerung und Wandlung, so wie sich auch die Gestirne am Himmel immerfort bewegen. Der Fragende sollte unablässige Aktivität entwickeln.

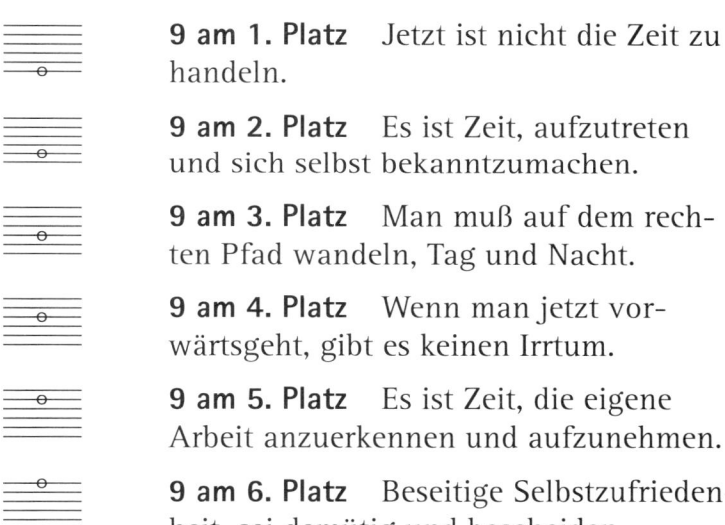

9 am 1. Platz   Jetzt ist nicht die Zeit zu handeln.

9 am 2. Platz   Es ist Zeit, aufzutreten und sich selbst bekanntzumachen.

9 am 3. Platz   Man muß auf dem rechten Pfad wandeln, Tag und Nacht.

9 am 4. Platz   Wenn man jetzt vorwärtsgeht, gibt es keinen Irrtum.

9 am 5. Platz   Es ist Zeit, die eigene Arbeit anzuerkennen und aufzunehmen.

9 am 6. Platz   Beseitige Selbstzufriedenheit, sei demütig und bescheiden.

2   K'UN – Das Empfängliche, die Erde

Oberes Trigramm – K'un, Erde

Unteres Trigramm – K'un, Erde

Urteil   K'un stellt Ursprünglichkeit, Korrektheit
und günstige Umstände dar, die durch
Unterordnung und Sanftmut entstehen.
Der Fragende sollte nicht selbst die
Initiative ergreifen, sondern folgen. Man
soll andere suchen, die ähnliche Über-
zeugungen und Prinzipien hegen. Stille
bringt Glück.

Kommentar Während Ch'ien schöpferisch wirkt,
gebiert K'un das, was zuvor geschaffen
wurde. Wenn man Stille anstrebt, wird die
Wirkung groß sein.

Das Bild   K'un symbolisiert die Qualität und die
erhaltende Kraft der Erde.

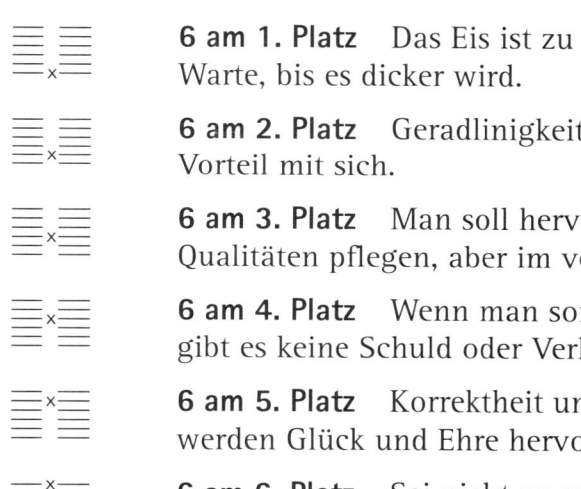

6 am 1. Platz   Das Eis ist zu dünn.
Warte, bis es dicker wird.

6 am 2. Platz   Geradlinigkeit bringt
Vorteil mit sich.

6 am 3. Platz   Man soll hervorragende
Qualitäten pflegen, aber im verborgenen.

6 am 4. Platz   Wenn man sorgfältig ist,
gibt es keine Schuld oder Verletzung.

6 am 5. Platz   Korrektheit und Demut
werden Glück und Ehre hervorbringen.

6 am 6. Platz   Sei nicht zu unterwürfig,
damit andere dich nicht ausnutzen.

3   CHUN – Anfängliche Schwierigkeit

Oberes Trigramm – K'an, Wasser

Unteres Trigramm – Chen, Donner

Urteil   Chun stellt Fortschritt und Erfolg dar,
                    nach anfänglichen Schwierigkeiten. Vor
                    einer Aktion muß man sich in Klugheit
                    und Vorsicht üben. Vorteile ergeben sich
                    aus unbeirrbarer Korrektheit und wenn
                    man Pflichten an gute und fähige Men-
                    schen delegiert.

Kommentar Chun weist darauf hin, daß man sich in
                    Gefahr begibt, was Geschick und Kor-
                    rektheit erfordert. Daß man delegiert,
                    sollte nicht zu Gleichgültigkeit führen.

Das Bild   Chun symbolisiert Erleichterung nach
                    Unterdrückung.

9 am 1. Platz   Trotz anfänglicher Schwierigkeit werden Beharrlichkeit und Demut triumphieren.

6 am 2. Platz   Obwohl Schwierigkeiten andauern, wird Standhaftigkeit Erfolg bringen.

6 am 3. Platz   Der Fragende bleibt standhaft, weil er erkennt, daß Fortschritt ohne Führung zu Bedauern führt.

6 am 4. Platz   Wenn man Unterstützung findet, wird ein Voranschreiten vorteilhaft sein.

9 am 5. Platz   Jetzt große Dinge zu versuchen bringt kein Glück.

6 am 6. Platz   Am Höhepunkt der Gefahr liegt Rückzug und Versagen.

4   MENG – Jugendliche Unerfahrenheit

Oberes Trigramm – Ken, Berg

Unteres Trigramm – K'an, Wasser

Urteil   Meng stellt Jugend und Unerfahrenheit dar und wie der erfahrene Ältere damit umgeht. Nicht der Lehrer sucht den Schüler, vielmehr strebt der Schüler nach Erleuchtung. Wenn der Schüler seinen Geist öffnet, füllt der Lehrer ihn, und es gibt Fortschritt und Erfolg. Wenn der Schüler aber nicht zuhört, wird der Lehrer aufhören zu unterrichten.

Kommentar Meng weist darauf hin, daß es Sinn macht, Belehrung zu suchen, wo ein Mangel an Wissen besteht, und für diese Belehrung auch empfänglich zu sein.

Das Bild   Meng symbolisiert die Weitergabe vom Wissen des Alters an die Heranwachsenden. Der Fragende sollte sich daran erinnern, daß man zu jeder Lebenszeit wachsen muß; gleich, wieviel man schon gelernt hat, muß man noch mehr lernen.

6 am 1. Platz   Mit Strafen tut man nur einen kurzatmigen Schritt, um Unwissen zu beseitigen.

9 am 2. Platz   Der gute Lehrer übt sich in Geduld und Demut, indem er sogar vom Unwissendsten lernt.

6 am 3. Platz   Ein junger Mensch und häusliche Unerfahrenheit sollten nicht heiraten.

6 am 4. Platz   Aus störrischer Unwissenheit kann nichts Gutes erwachsen.

6 am 5. Platz   Die Bereitschaft zu lernen führt zu Glück.

9 am 6. Platz   Jeder handelt und wird behandelt entsprechend seiner Natur.

5   HSU – Warten

Oberes Trigramm – K'an, Wasser

Unteres Trigramm – Ch'ien, Himmel

Urteil   Hsu stellt dar, daß es ratsam ist zu war-
            ten, bis der Erfolg sicher ist, bevor man
            riskante Unternehmungen beginnt. War-
            ten bringt Erfolg.

Kommentar Hsu weist auf den Vorteil hin, Ungestüm
            zu zähmen.

Das Bild   Hsu symbolisiert die Tugend der Geduld.
            Der Fragende sollte sich mit anderen
            Dingen beschäftigen, während er auf die
            richtige Zeit wartet.

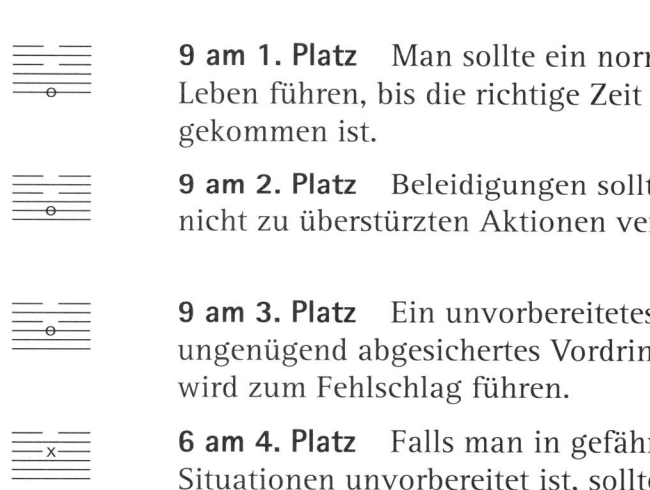

9 am 1. Platz Man sollte ein normales Leben führen, bis die richtige Zeit gekommen ist.

9 am 2. Platz Beleidigungen sollten nicht zu überstürzten Aktionen verleiten.

9 am 3. Platz Ein unvorbereitetes und ungenügend abgesichertes Vordringen wird zum Fehlschlag führen.

6 am 4. Platz Falls man in gefährlichen Situationen unvorbereitet ist, sollte man sich besser zurückziehen.

9 am 5. Platz Geduld nach einem Triumph bringt weiteren Triumph.

6 am 6. Platz Hilfe, um die man nicht gebeten hat, die man jedoch dankbar annimmt, führt sicher zum Glück.

6   SUNG – Konflikt

Oberes Trigramm – Ch'ien, Himmel

Unteres Trigramm – K'an, Wasser

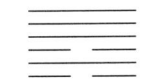

Urteil   Sung stellt Gegensatz und Streit dar. Vorsicht wird zu Glück führen. Jedoch kann sich sogar Vorsicht nicht gegen andauernden Unfrieden durchsetzen. Etwas Großes zu unternehmen wäre unbesonnen.

Kommentar Sung zeigt an, daß es ratsam ist, im Angesicht von Konflikten den Kurs zu ändern.

Das Bild   Sung symbolisiert Gegensätze und Streitigkeiten. Der Fragende sollte Rat einholen, auch dann, bevor er sich in eine konfliktgeladene Situation begibt.

6 am 1. Platz   Wenn man Streitigkeiten aus dem Weg geht, wird man vielleicht verspottet, aber am Ende wird alles gut.

9 am 2. Platz   Wenn man sich einer Auseinandersetzung nicht gewachsen fühlt, sollte man sich zurückziehen.

6 am 3. Platz   Stillzuhalten oder nicht mehr weiter vorzudringen, als notwendig ist, führt zu Glück.

9 am 4. Platz   Die Erkenntnis, daß es richtig ist, nicht zu handeln, wird zu Glück führen.

9 am 5. Platz   Jetzt zu handeln wird großes Glück bewirken.

9 am 6. Platz   Hartnäckigkeit im Streit wird am Ende zur Niederlage führen.

7   SHIH – Gemeinschaftliches Handeln

Oberes Trigramm – K'un, Erde

Unteres Trigramm – K'an, Wasser

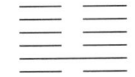

Urteil   Shih stellt die Anwesenheit von Glück und die Abwesenheit von Fehlern dar, die sich aus einem gemeinschaftlichen Handeln ergeben, wie es von einer erfahrenen Person angewiesen wird. Voraussetzung ist, daß sowohl Absicht wie Handlungsweise rechtschaffen sind.

Kommentar Shih zeigt die Bereitschaft von Menschen an, einem bewährten Führer zu folgen, sogar bis zum Ruin. Deshalb müssen Ursache und Wirkung richtig und angemessen sein.

Das Bild   Shih symbolisiert das Glück, das aus rechtschaffener Handlungsweise entsteht.

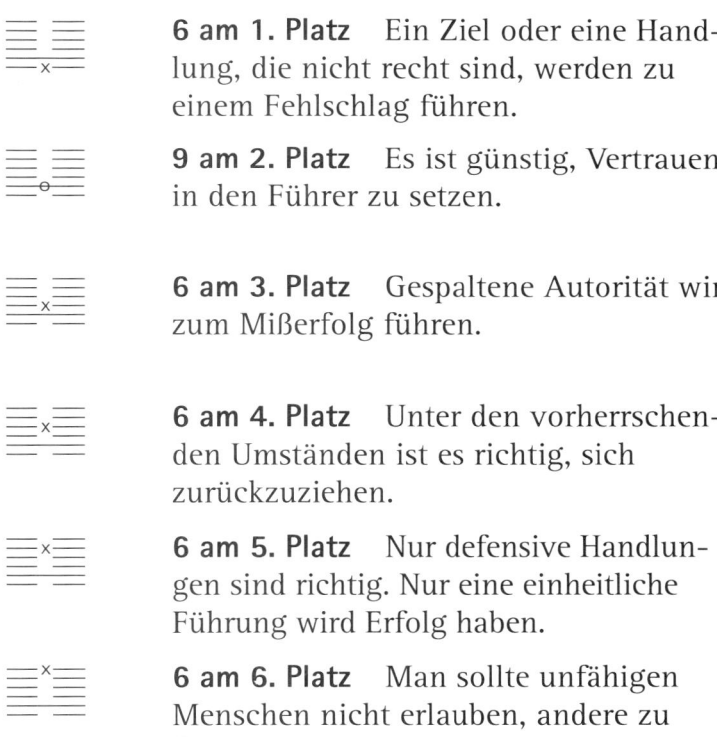

6 am 1. Platz   Ein Ziel oder eine Handlung, die nicht recht sind, werden zu einem Fehlschlag führen.

9 am 2. Platz   Es ist günstig, Vertrauen in den Führer zu setzen.

6 am 3. Platz   Gespaltene Autorität wird zum Mißerfolg führen.

6 am 4. Platz   Unter den vorherrschenden Umständen ist es richtig, sich zurückzuziehen.

6 am 5. Platz   Nur defensive Handlungen sind richtig. Nur eine einheitliche Führung wird Erfolg haben.

6 am 6. Platz   Man sollte unfähigen Menschen nicht erlauben, andere zu führen.

8   PI – Vereinigung

Oberes Trigramm – K'an, Wasser

Unteres Trigramm – K'un, Erde

Urteil   Pi stellt die Idee der Vereinigung zwischen verschiedenen Klassen und
Schichten von Menschen dar. Wer
möchte, daß ihm andere folgen, sollte
prüfen, ob er fähig ist zu führen. Dann
werden sich andere unter ihm vereinigen,
und es wird sich Gutes ergeben, aber nur,
wenn keine Verzögerung eintritt.

Kommentar Pi weist darauf hin, daß Glück entsteht,
wenn sich Mindere vereinen, um ihrem
Edlen gehorsam zu folgen. Aber manche
widersetzen sich der Vereinigung, bis es
zu spät ist und Unheil geschieht.

Das Bild   Pi symbolisiert die Neigung, Vereinigung
zu suchen und zu vollenden.

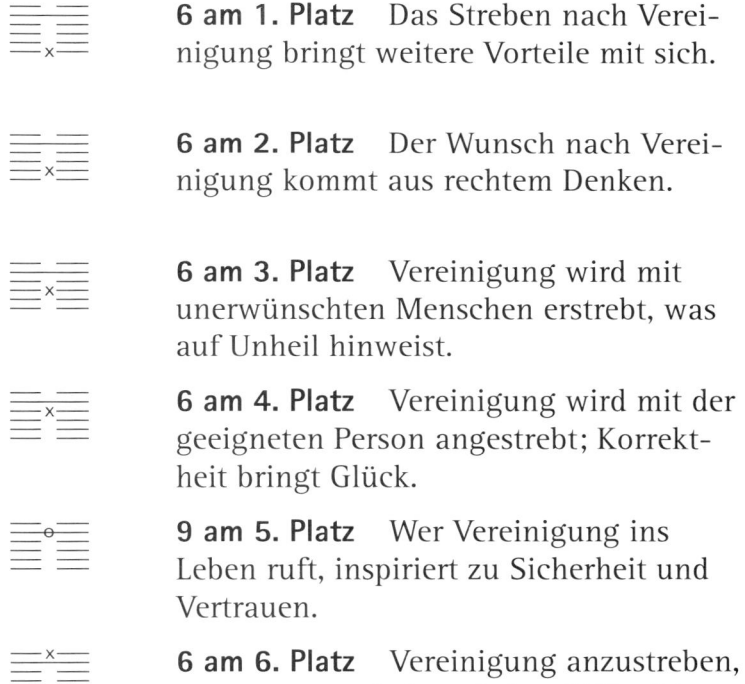

6 am 1. Platz   Das Streben nach Vereinigung bringt weitere Vorteile mit sich.

6 am 2. Platz   Der Wunsch nach Vereinigung kommt aus rechtem Denken.

6 am 3. Platz   Vereinigung wird mit
unerwünschten Menschen erstrebt, was
auf Unheil hinweist.

6 am 4. Platz   Vereinigung wird mit der
geeigneten Person angestrebt; Korrektheit bringt Glück.

9 am 5. Platz   Wer Vereinigung ins
Leben ruft, inspiriert zu Sicherheit und
Vertrauen.

6 am 6. Platz   Vereinigung anzustreben,
wenn es zu spät ist, wird zu Mißerfolg
führen.

9   HSAIO CH'U – Zähmende Kraft

Oberes Trigramm – Sun, Holz, Wind

Unteres Trigramm – Ch'ien, Himmel

Urteil   Hsaio Ch'u stellt Zurückhaltung in kleinen Dingen dar. Ein solches Verhalten
führt zu Fortschritt und Erfolg.

Kommentar Hsaio Ch'u weist darauf hin, daß Beschränkung im Kleinen Erfolg bringen
wird.

Das Bild   Hsaio Ch'u symbolisiert die Fähigkeit,
sich zeitweise zurückzuhalten. Der Fra-
gende sollte sich beschränken und seine
Tugenden nicht nach außen in Erschei-
nung bringen.

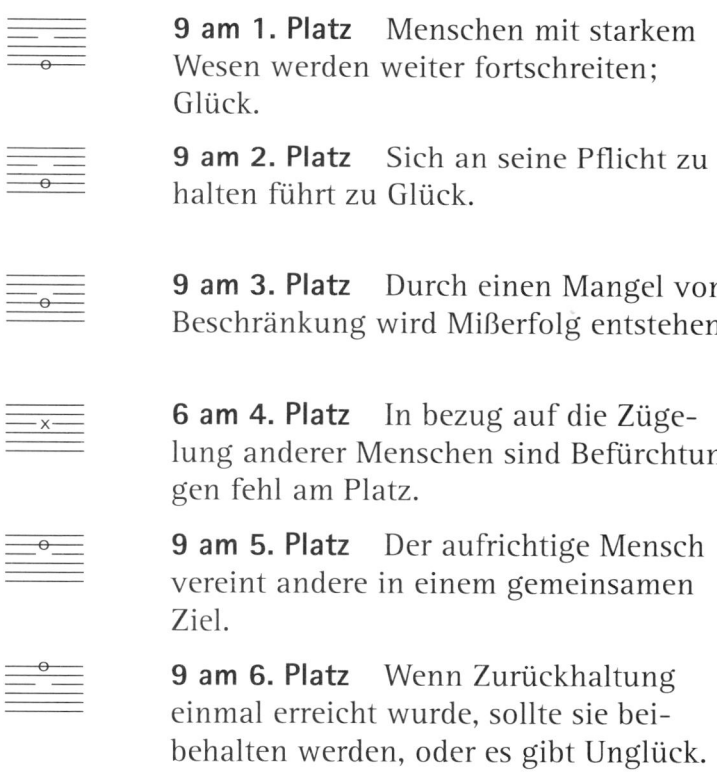

9 am 1. Platz Menschen mit starkem Wesen werden weiter fortschreiten; Glück.

9 am 2. Platz Sich an seine Pflicht zu halten führt zu Glück.

9 am 3. Platz Durch einen Mangel von Beschränkung wird Mißerfolg entstehen.

6 am 4. Platz In bezug auf die Zügelung anderer Menschen sind Befürchtungen fehl am Platz.

9 am 5. Platz Der aufrichtige Mensch vereint andere in einem gemeinsamen Ziel.

9 am 6. Platz Wenn Zurückhaltung einmal erreicht wurde, sollte sie beibehalten werden, oder es gibt Unglück.

10   LU – Vorsichtiges Vorgehen

Oberes Trigramm – Ch'ien, Himmel

Unteres Trigramm – Tui, See, Sumpf

Urteil   Lu stellt den Erfolg dar, der sich einstellt, wenn man achtsam durchs Leben geht.

Kommentar Lu zeigt an, daß Schwäche aufgrund ihrer Vorsicht über Stärke siegt.

Das Bild   Lu symbolisiert, daß es ratsam ist, bei den verschiedenen Menschen auf den rechten Platz zu achten, den sie ihrer Natur nach in unterschiedlichen Situationen innehaben.

9 am 1. Platz Mit der richtigen geistigen Einstellung sicheren Fußes voranzugehen führt nicht zum Versagen.

9 am 2. Platz Der stille Mensch geht stetig auf seinem Weg voran; Glück.

6 am 3. Platz Voranzuschreiten aufgrund größerer mentaler Vorstellungen als faktischer Möglichkeiten wird zu Unheil führen.

9 am 4. Platz Das Wissen um Gefahr bringt Vorsicht im Handeln hervor, und es gibt Glück.

9 am 5. Platz Je höher man erhoben wird, desto tiefer kann man fallen.

9 am 6. Platz Wenn jeder Schritt richtig war, wird das Ergebnis günstig sein.

11   T'AI – Friede

Oberes Trigramm – K'un, Erde

Unteres Trigramm – Ch'ien, Himmel

Urteil   T'ai stellt das Anwachsen des Friedens zwischen gegensätzlichen Einflüssen und das sich daraus ergebende Glück dar.

Kommentar T'ai weist auf die friedliche Vereinigung des Starken mit dem Schwachen hin. Der Fragende sollte sich mit Untergebenen arrangieren.

Das Bild   T'ai symbolisiert, daß der Gebende so handelt, daß die Empfangenden leichten Zugang zum Nutzen seiner Gaben gewinnen.

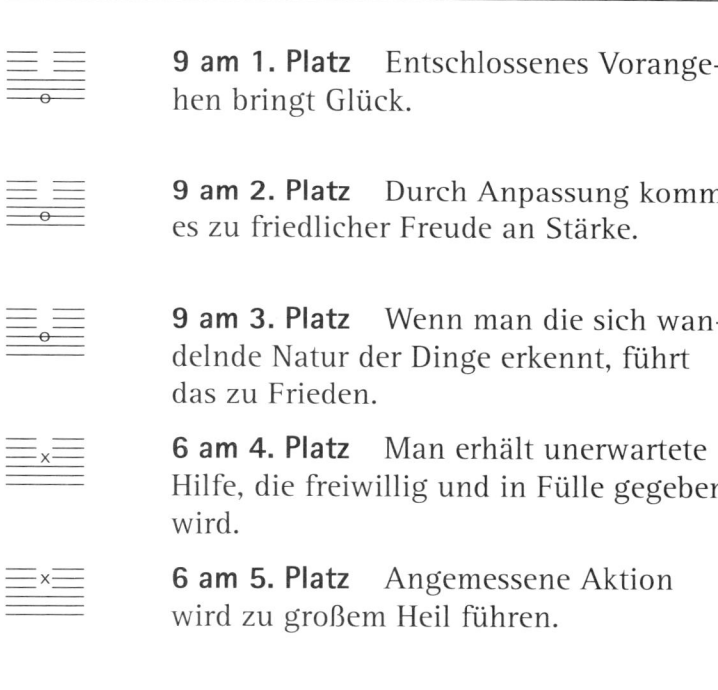

9 am 1. Platz Entschlossenes Vorangehen bringt Glück.

9 am 2. Platz Durch Anpassung kommt
es zu friedlicher Freude an Stärke.

9 am 3. Platz Wenn man die sich wan-
delnde Natur der Dinge erkennt, führt
das zu Frieden.

6 am 4. Platz Man erhält unerwartete
Hilfe, die freiwillig und in Fülle gegeben
wird.

6 am 5. Platz Angemessene Aktion
wird zu großem Heil führen.

6 am 6. Platz Wenn man die Verteidi-
gung lange Zeit vernachlässigt, führt das
zur Niederlage.

12   P'I – Stockung

Oberes Trigramm – Ch'ien, Himmel

Unteres Trigramm – K'un, Erde

Urteil   P'i stellt Stockung und Auflösung dar,
nachdem das Wachstum abgeschlossen
ist. Mangel an gegenseitigem Verständnis
zwischen verschiedenen Schichten von
Menschen führt zu Unheil.

Kommentar P'i weist auf die Notwendigkeit hin, daß
Herrscher die Initiative ergreifen.

Das Bild   P'i symbolisiert, daß man Pech vermeidet, indem man seine Tugenden verbirgt.

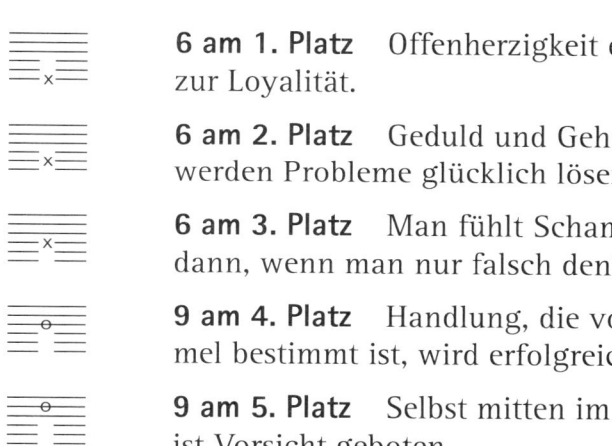

6 am 1. Platz   Offenherzigkeit ermutigt zur Loyalität.

6 am 2. Platz   Geduld und Gehorsam werden Probleme glücklich lösen.

6 am 3. Platz   Man fühlt Scham auch dann, wenn man nur falsch denkt.

9 am 4. Platz   Handlung, die vom Himmel bestimmt ist, wird erfolgreich sein.

9 am 5. Platz   Selbst mitten im Erfolg ist Vorsicht geboten.

9 am 6. Platz   Sogar die schlimmste Verzweiflung wird sich in Glück verwandeln.

13   T'UNG JEN – Gefährtenschaft

Oberes Trigramm – Ch'ien, Himmel

Unteres Trigramm – Li, Feuer

Urteil   T'ung Jen stellt die Tugend selbstloser Vereinigung oder Gemeinschaft dar. Die größten Schwierigkeiten werden gemeistert, was in Fortschritt und Erfolg mündet. Der Fragende sollte sich daran erinnern, immer korrekt zu handeln.

Kommentar T'ung Jen zeigt Intelligenz an, die von Charakterstärke unterstützt wird.

Das Bild   T'ung Jen symbolisiert, daß es natürlich ist, Vereinigung zu wünschen.

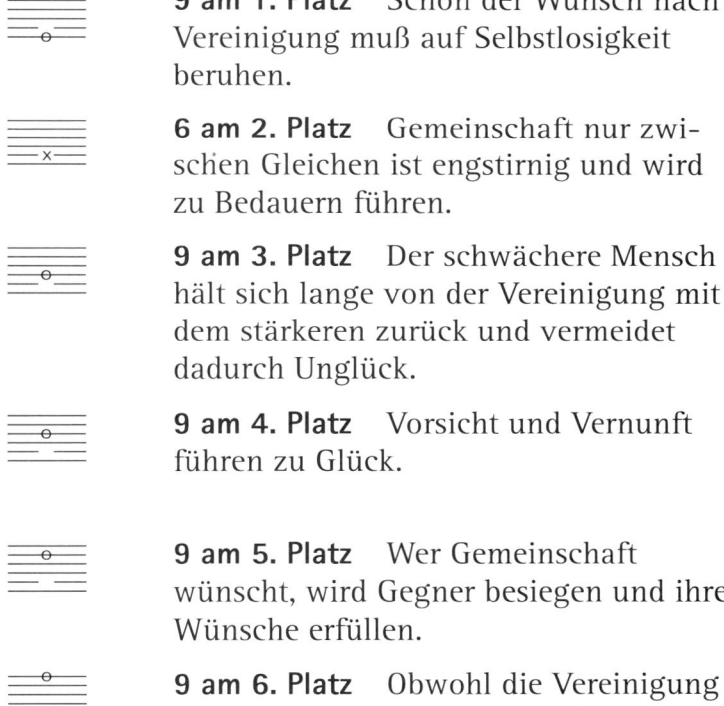

9 am 1. Platz   Schon der Wunsch nach Vereinigung muß auf Selbstlosigkeit beruhen.

6 am 2. Platz   Gemeinschaft nur zwischen Gleichen ist engstirnig und wird zu Bedauern führen.

9 am 3. Platz   Der schwächere Mensch hält sich lange von der Vereinigung mit dem stärkeren zurück und vermeidet dadurch Unglück.

9 am 4. Platz   Vorsicht und Vernunft führen zu Glück.

9 am 5. Platz   Wer Gemeinschaft wünscht, wird Gegner besiegen und ihre Wünsche erfüllen.

9 am 6. Platz   Obwohl die Vereinigung nur teilweise erreicht wird, gibt es kein Unheil.

14   TA YU – Fülle

Oberes Trigramm – Li, Feuer

Unteres Trigramm – Ch'ien, Himmel

Urteil   Ta Yu stellt Wohlstand dar.

Kommentar Ta Yu zeigt an, daß Stärke von Intelligenz geleitet wird und man Nutzen erlangt, indem man immer zur richtigen Zeit handelt.

Das Bild   Ta Yu symbolisiert die Kompetenz, immer zwischen Gut und Böse zu unterscheiden.

9 am 1. Platz   Korrekt zu handeln, während man sich der Schwierigkeiten bewußt ist, führt zu keinem Übel.

9 am 2. Platz   Ein Überfluß an Tugenden bringt bei der Abwicklung von Geschäften keine Verluste.

9 am 3. Platz   Jene, denen Tugend mangelt und die es nicht verdienen, werden vornehm tun.

9 am 4. Platz   Beschränkung von Macht führt zu keinerlei Verletzung.

6 am 5. Platz   Ernsthaftigkeit im Gewand von Würde führt zu Glück.

9 am 6. Platz   Beherrschte Stärke wird immer Heil hervorbringen.

15   CH'IEN – Bescheidenheit

Oberes Trigramm – K'un, Erde

Unteres Trigramm – Ken, Berg

Urteil   Ch'ien stellt die Art und Weise dar, wie man durch Bescheidenheit und Demut dauerhaften Erfolg erlangt.

Kommentar Ch'ien weist auf den hohen Wert hin, der Demut beigemessen wird. Der Fragende sollte demütig sein und wird so Erfolg haben.

Das Bild   Ch'ien symbolisiert die Tugend, mit jedem Menschen auf dessen eigener Ebene umzugehen.

6 am 1. Platz   Menschen, die sich auf die Ebene anderer herabbegeben, haben Glück.

6 am 2. Platz   Demut im Handeln bringt Heil.

9 am 3. Platz   Bescheidenheit nach vollbrachter Leistung wird anhaltenden Erfolg sichern.

6 am 4. Platz   Die Erfolgreichen und Wohlhabenden sollten Demut bewahren.

6 am 5. Platz   Demütige Menschen stellen fest, daß all ihre Handlungen vorteilhaft sind.

6 am 6. Platz   Demut hilft, Grenzen zu erkennen.

16   YU – Harmonie

Oberes Trigramm – Chen, Donner

Unteres Trigramm – K'un, Erde

Urteil   Yu stellt einen Zustand von Harmonie und glücklicher Zufriedenheit dar.

Kommentar Yu zeigt, wie Zufriedenheit Menschen zum Gehorsam bewegt.

Das Bild   Yu symbolisiert die Freude, die man nach der Lösung von Problemen fühlt.

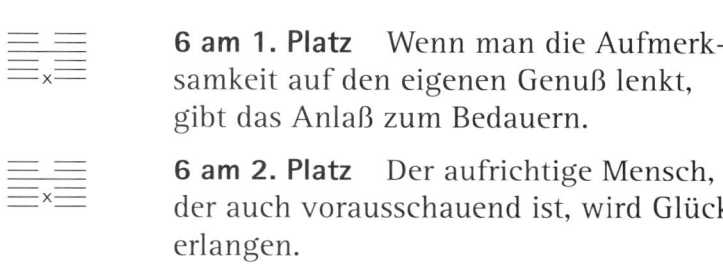

6 am 1. Platz   Wenn man die Aufmerksamkeit auf den eigenen Genuß lenkt, gibt das Anlaß zum Bedauern.

6 am 2. Platz   Der aufrichtige Mensch, der auch vorausschauend ist, wird Glück erlangen.

6 am 3. Platz   Eitle Sinnesfreuden werden zu nichts Gutem führen.

9 am 4. Platz   Wer Harmonie schafft und aufrechterhält, wird sich an andauerndem Erfolg erfreuen.

6 am 5. Platz   Schwäche erlaubt dem Genußstreben, zunächst die Oberhand zu gewinnen, wird es aber schließlich unterwerfen.

6 am 6. Platz   Selbst Menschen mit dem schwächsten Willen können überleben, wenn sie sich nur ändern.

17   SUI – Das Folgende

Oberes Trigramm – Tui, See, Sumpf

Unteres Trigramm – Chen, Donner

Urteil   Sui stellt den Gedanken der Gefolgschaft dar. Wo alles in der rechten Ordnung ist, gibt es zweifellos großen Fortschritt und Erfolg.

Kommentar Sui zeigt an, daß man diejenigen schätzt, die über einem stehen.

Das Bild Sui symbolisiert, daß auf jede Aktion eine Reaktion folgt.

9 am 1. Platz   Ein selbstloser und vernünftiger Kurswechsel bringt Verdienste.

6 am 2. Platz   Wenn man der Unerfahrenheit folgt, gibt es keinen Raum, um Erfahrung zu erwerben.

6 am 3. Platz   Wenn der Fragende der Erfahrung folgt statt der Unerfahrenheit, wird er finden, was er sucht.

9 am 4. Platz   Nur ernsthafte Loyalität wird den vor Unglück retten, der eine Gefolgschaft hat.

9 am 5. Platz   Die aufrichtige Suche nach dem Besonderen führt zu Glück.

6 am 6. Platz   Man muß nur dem folgen, was recht ist.

18   KU – Markanter Zerfall

Oberes Trigramm – Ken, Berg

Unteres Trigramm – Sun, Holz, Wind

Urteil   Ku stellt Auflösung und Zerfall dar sowie den vernünftigen Wiederaufbau nach dem Ruin. Dazu bedarf es großer Anstrengungen, die jedoch zu großem Fortschritt und Erfolg führen werden.

Kommentar Ku zeigt an, wie aus Unordnung neue Ordnung geschaffen wird.

Das Bild   Ku symbolisiert Unordnung. Menschen zu helfen wird zu einer rettenden Tugend.

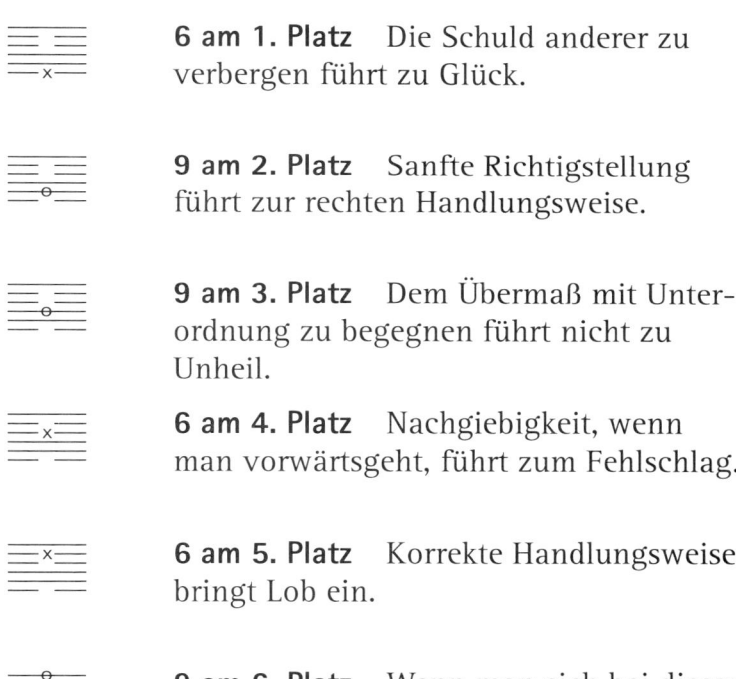

6 am 1. Platz   Die Schuld anderer zu verbergen führt zu Glück.

9 am 2. Platz   Sanfte Richtigstellung führt zur rechten Handlungsweise.

9 am 3. Platz   Dem Übermaß mit Unterordnung zu begegnen führt nicht zu Unheil.

6 am 4. Platz   Nachgiebigkeit, wenn man vorwärtsgeht, führt zum Fehlschlag.

6 am 5. Platz   Korrekte Handlungsweise bringt Lob ein.

9 am 6. Platz   Wenn man sich bei dieser Gelegenheit nicht beteiligt, gibt man ein richtiges Beispiel.

19   LIN – Annäherung

Oberes Trigramm – K'un, Erde

Unteres Trigramm – Tui, See, Sumpf

Urteil   Lin stellt den Umgang mit Autorität dar. Richtiges Verhalten ist vorteilhaft und führt zu großem Fortschritt und Erfolg. Man tut aber gut daran, sich zu erinnern, daß die Autorität nicht immer dasein wird.

Kommentar Lin zeigt Stärke an, die zu Freude und Einverständnis führt.

Das Bild   Lin symbolisiert, wie Höhergestellte mit Untergebenen umgehen, um sich ihre Unterstützung zu sichern.

9 am 1. Platz   Wenn sich der Wille darauf richtet zu tun, was richtig ist, stellt sich Glück ein.

 9 am 2. Platz   Es ist vorteilhaft, jetzt vorwärtszugehen.

 6 am 3. Platz   Unter diesen Umständen vorwärtsgehen zu wollen führt zu Unheil, aber durch Umsichtigkeit kann man die Dinge verbessern.

 6 am 4. Platz   Mit den besten Absichten voranzugehen wird nicht schlecht sein.

 6 am 5. Platz   Autorität, die mit Weisheit vorgeht, bringt Heil.

 6 am 6. Platz   Ehrlichkeit und Großzügigkeit führen zu Glück.

20   KUAN – Betrachtung

Oberes Trigramm – Sun, Wind, Holz

Unteres Trigramm – K'un, Erde

Urteil   Kuan stellt die Weise dar, wie wir vor
             anderen erscheinen sollten – voller
             Ernsthaftigkeit und mit würdiger Aus-
             strahlung.

Kommentar Kuan zeigt, wie der Edle von Untergebe-
             nen angesehen werden sollte.

Das Bild   Kuan symbolisiert, wie ratsam es ist, die
             Bedürfnisse der Menschen zu erforschen,
             bevor man eine Entscheidung fällt.

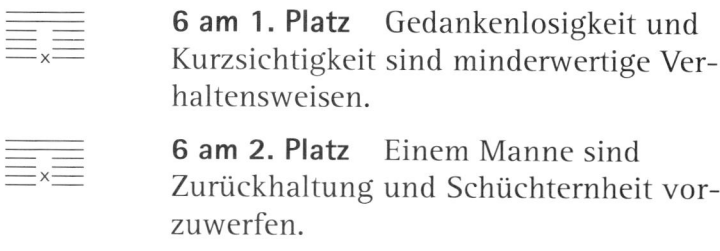

6 am 1. Platz Gedankenlosigkeit und Kurzsichtigkeit sind minderwertige Verhaltensweisen.

6 am 2. Platz Einem Manne sind Zurückhaltung und Schüchternheit vorzuwerfen.

6 am 3. Platz Nur zur richtigen Zeit wird Sanftmut Aktion bewirken können.

6 am 4. Platz Die Betrachtung der Überlegenheit von anderen wird Ehrgeiz hervorbringen.

9 am 5. Platz Selbstprüfung und selbstlose Betrachtung sind kein Schaden.

9 am 6. Platz Den eigenen Charakter zu prüfen führt zur Besserung.

21   SHIH HO – Durchbeißen

Oberes Trigramm – Li, Feuer

Unteres Trigramm – Chen, Donner

Urteil   Shi Ho stellt den Vorteil dar, legale Be-
              schränkungen zu benutzen, um Hinder-
              nisse der Vereinigung zu beseitigen,
              damit die verschiedenen Schichten
              zufriedenstellend zusammenkommen.

Kommentar Shi Ho weist auf eine Urteilsfindung hin,
              die durch Nachsicht gemildert wird.

Das Bild   Shi Ho symbolisiert die Vereinigung von
              Würde und Intelligenz bei Entscheidun-
              gen.

9 am 1. Platz   Wer zum ersten Mal eine Strafe erhält, kann dadurch abgehalten werden, den Irrtum zu wiederholen.

6 am 2. Platz   Effektives Handeln muß fortgesetzt und gesteigert werden, bis der gewünschte Erfolg erreicht wird.

6 am 3. Platz   Jemanden zu bestrafen ist unangenehm, aber es entsteht kein großes Unheil.

9 am 4. Platz   Stärke und Umsicht in der Beurteilung bringen Glück.

6 am 5. Platz   Nachsicht bei der Beurteilung ist kein Fehler.

9 am 6. Platz   Der rückfällige Mensch hört, richtet sich aber nicht danach. Dies führt zu Übel.

22   PI – Schmuck

Oberes Trigramm – Ken, Berg

Unteres Trigramm – Li, Feuer

Urteil   Pi stellt Schmuck und Verzierung dar.
                  Man muß jedoch daran denken, daß Ver-
                  zierung im Verhältnis zur Substanz
                  zweitrangig ist.

Kommentar Pi zeigt die Notwendigkeit, daß Aus-
                  schmückungen durch das Bewußtsein
                  vom Vorrang der Substanz in Grenzen
                  gehalten werden.

Das Bild   Pi symbolisiert, daß Schmuck die
                  Erscheinung hervorhebt. In Fragen der
                  Wahrheit darf man ihn jedoch nicht
                  benutzen.

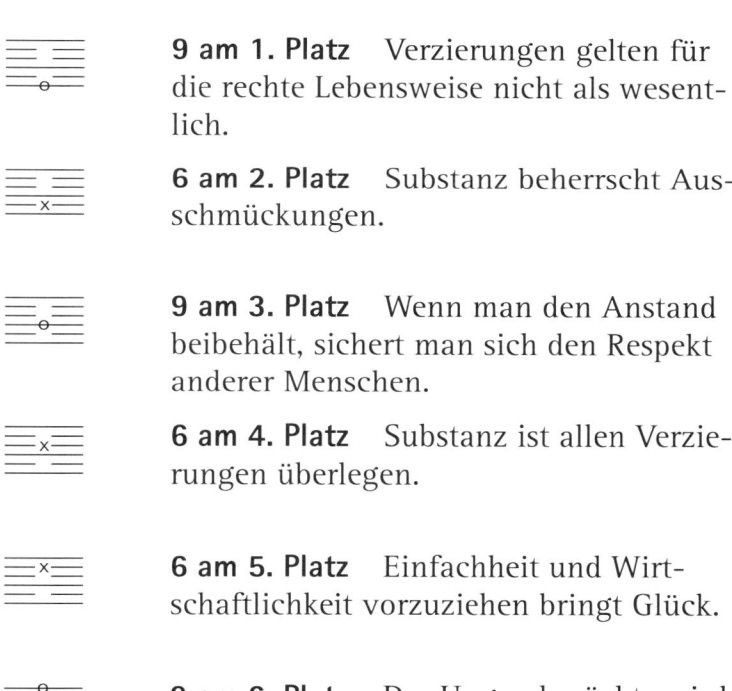

9 am 1. Platz   Verzierungen gelten für die rechte Lebensweise nicht als wesentlich.

6 am 2. Platz   Substanz beherrscht Ausschmückungen.

9 am 3. Platz   Wenn man den Anstand beibehält, sichert man sich den Respekt anderer Menschen.

6 am 4. Platz   Substanz ist allen Verzierungen überlegen.

6 am 5. Platz   Einfachheit und Wirtschaftlichkeit vorzuziehen bringt Glück.

9 am 6. Platz   Der Ungeschmückte wird sein Ziel erreichen.

23   PO – Auseinanderfallen

Oberes Trigramm – Ken, Berg

Unteres Trigramm – K'un, Erde

Urteil   Po stellt den Prozeß des Zerfalls oder
                    Umsturzes dar. Keine Aktion ist von Vor-
                    teil.

Kommentar Po zeigt die Vereitlung von Plänen an;
                    diese Niederlage kann jedoch als eine
                    vorübergehende Angelegenheit betrach-
                    tet werden, da sich die Umstände mit
                    Sicherheit zum Besseren wenden.

Das Bild   Po symbolisiert die Verstärkung der Fun-
                    damente, um das Wohlergehen und die
                    Stabilität auf höheren Ebenen zu sichern.

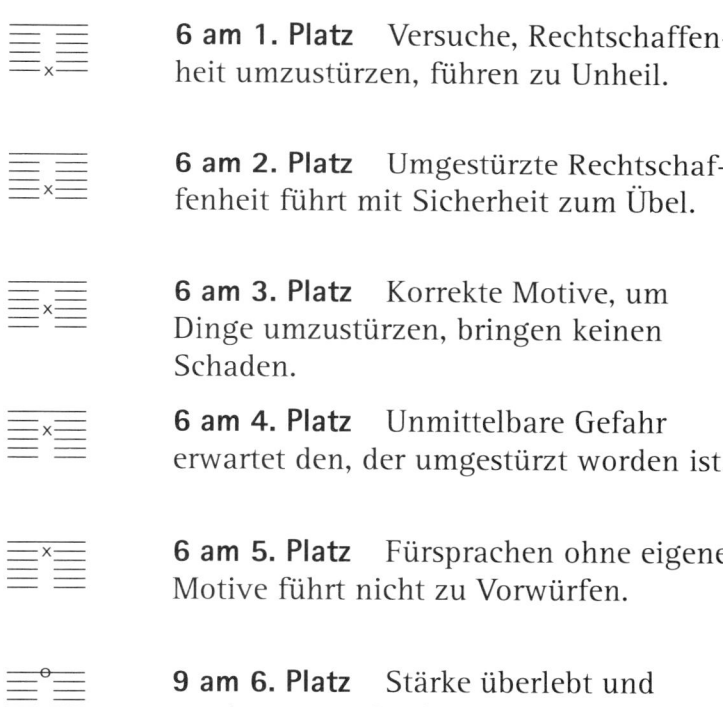

6 am 1. Platz Versuche, Rechtschaffenheit umzustürzen, führen zu Unheil.

6 am 2. Platz Umgestürzte Rechtschaffenheit führt mit Sicherheit zum Übel.

6 am 3. Platz Korrekte Motive, um Dinge umzustürzen, bringen keinen Schaden.

6 am 4. Platz Unmittelbare Gefahr erwartet den, der umgestürzt worden ist.

6 am 5. Platz Fürsprachen ohne eigene Motive führt nicht zu Vorwürfen.

9 am 6. Platz Stärke überlebt und gewinnt neue Stärke; es gibt keine Gefahr mehr.

24 FU – Widerkehr

Oberes Trigramm – K'un, Erde

Unteres Trigramm – Chen, Donner

Urteil   Fu stellt den Gedanken der Wiederkehr oder des Neubeginns dar. Nach dem Zerfall können sich die Dinge nur noch bessern, und jede Bewegung ist vorteilhaft.

Kommentar Fu weist auf die Natürlichkeit von Wandel und Verjüngung hin.

Das Bild   Fu symbolisiert die Rückkehr zur Ruhe nach der Aktivität.

9 am 1. Platz Um zurückzukehren, muß man zuerst vom Kurs abgewichen sein; großes Glück.

 6 am 2. Platz Auf den rechten Pfad zurückzukehren ist bewundernswert und wird zu Glück führen.

 6 am 3. Platz Wiederholte Rückkehr ist riskant, aber Unglück kann durch Vorsicht vermieden werden.

 6 am 4. Platz Kompromiß bewirkt eine Rückkehr auf den richtigen Weg.

 6 am 5. Platz Der demütige Wunsch nach Selbstentwicklung führt nicht zu Unheil.

 6 am 6. Platz Auf einen unrechten Kurs zurückzugehen wird zur Katastrophe führen.

25   WU WANG – Unschuld

Oberes Trigramm – Ch'ien, Himmel

Unteres Trigramm – Chen, Donner

Urteil   Wu Wang stellt ernsthafte und rück-
                    sichtsvolle Einfachheit dar. Rücksichtslo-
                    sigkeit führt zu Unheil, unbeirrte Kor-
                    rektheit jedoch wird zu großem
                    Fortschritt und Erfolg führen.

Kommentar Wu Wang weist auf das gesegnete Wesen
                    von Unschuld hin.

Das Bild   Wu Wang symbolisiert die Korrektheit,
                    die in der wahren Natur der Dinge offen-
                    bar wird.

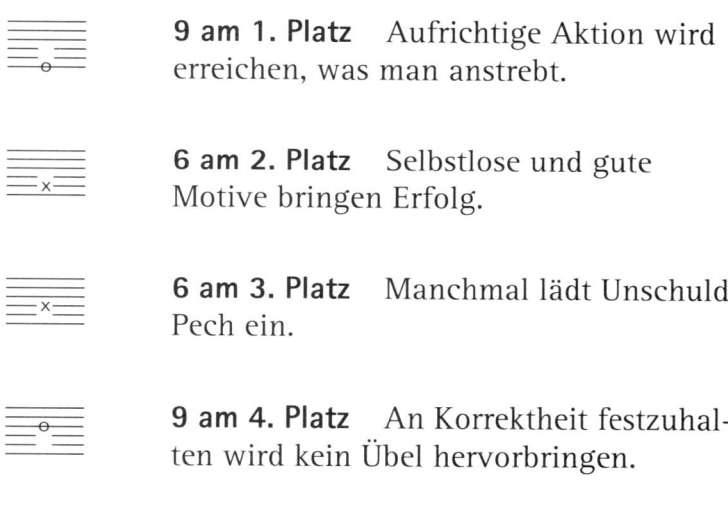

9 am 1. Platz Aufrichtige Aktion wird erreichen, was man anstrebt.

6 am 2. Platz Selbstlose und gute Motive bringen Erfolg.

6 am 3. Platz Manchmal lädt Unschuld Pech ein.

9 am 4. Platz An Korrektheit festzuhalten wird kein Übel hervorbringen.

9 am 5. Platz Wenn Unheil auf Korrektheit fällt, wird Glauben ein Heilmittel dagegen bringen.

9 am 6. Platz Abgeschlossenen Aktionen sollte Ruhe folgen. Noch mehr Aktivität wäre problematisch.

26   TA CH'U – Zähmende Kraft

Oberes Trigramm – Ken, Berg

Unteres Trigramm – Ch'ien, Himmel

Urteil   Ta Ch'u stellt Beschränkung und Ansammlung dar. Auf diese Weise werden die Dinge stärker. Wer seine Tugend vermehren möchte, muß einen vernünftigen Geist haben, und selbst die schwierigsten Aufgaben enden im Erfolg.

Kommentar Ta Ch'u zeigt eine große Sammlung von Tugend an, welche durch Selbstbeschränkung noch stärker wird. Korrekte Motive als Fundament werden an Kraft zunehmen, um den stärksten Widerstand zu bewältigen. Keine Aufgabe wird zu groß sein.

Das Bild   Ta Ch'u symbolisiert die Wichtigkeit von Erfahrung und Bereitschaft zum Lernen für die Ansammlung von Tugend.

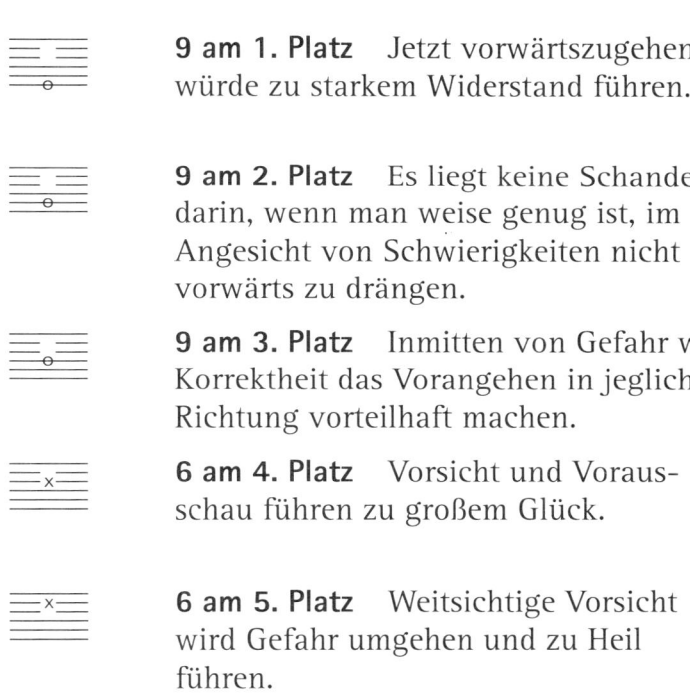

9 am 1. Platz   Jetzt vorwärtszugehen würde zu starkem Widerstand führen.

9 am 2. Platz   Es liegt keine Schande darin, wenn man weise genug ist, im Angesicht von Schwierigkeiten nicht vorwärts zu drängen.

9 am 3. Platz   Inmitten von Gefahr wird Korrektheit das Vorangehen in jeglicher Richtung vorteilhaft machen.

6 am 4. Platz   Vorsicht und Voraus-schau führen zu großem Glück.

6 am 5. Platz   Weitsichtige Vorsicht wird Gefahr umgehen und zu Heil führen.

9 am 6. Platz   Der Weg ist frei, um Tugend zu erwerben. Es gibt Erfolg.

27   I – Nahrung

Oberes Trigramm – Ken, Berg

Unteres Trigramm – Chen, Donner

Urteil   I stellt die Nahrung von Körper und Geist dar. Rechte Motive sind wesentlich, und es gibt Glück.

Kommentar I weist auf den Nutzen hin, der sich einstellt, wenn Talente und Tugenden zugunsten des größeren Ganzen genährt werden.

Das Bild   I symbolisiert, wie Zurückhaltung beim Essen den Körper nährt und Zurückhaltung beim Sprechen den Geist nährt.

9 am 1. Platz   Bemühung ohne Substanz bringt Schaden.

 6 am 2. Platz   Nahrung aus ungeeigneten Quellen zu suchen führt zu Unheil.

 6 am 3. Platz   Falsche Selbstgenügsamkeit macht jede Aktion unvorteilhaft.

 6 am 4. Platz   Nahrung zu suchen hilft, daß sie gegeben wird; es geschieht kein Irrtum.

 6 am 5. Platz   Selbst wenn man in der Lage ist, sich auf die Kraft anderer zu verlassen, darf man keine schwierigen Aufgaben unternehmen.

 9 am 6. Platz   Die Aufgaben der Belehrung und Ernährung sind schwer, es wird sich aber Erfolg einstellen.

28 TA KUO – Übermaß

Oberes Trigramm – Tui, See, Sumpf

Unteres Trigramm – Sun, Holz, Wind

Urteil   Ta Kuo stellt die außergewöhnlichen
                 Maßnahmen dar, die in außergewöhnli-
                 chen Zeiten erforderlich sind. Diese wer-
                 den Erfolg haben.

Kommentar Ta Kuo zeigt an, daß manche Situationen
                 Flexibilität erfordern, um Erfolg zu erzie-
                 len.

Das Bild   Ta Kuo symbolisiert außergewöhnliche
                 Handlungen und Ereignisse.

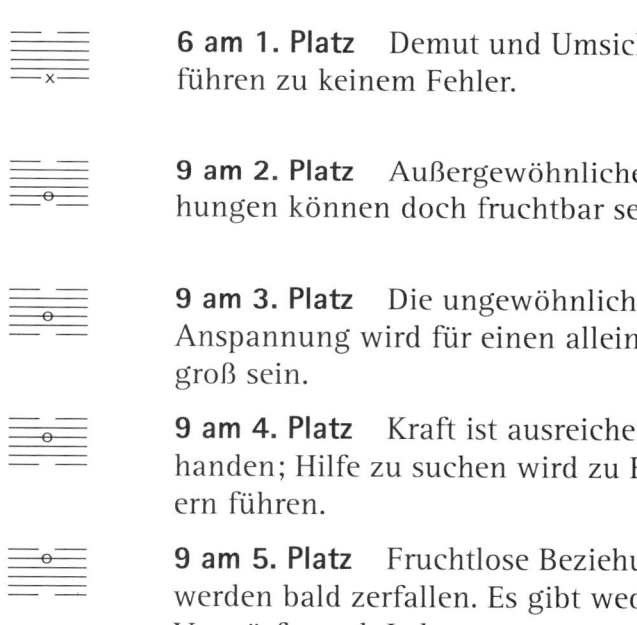

6 am 1. Platz   Demut und Umsicht führen zu keinem Fehler.

9 am 2. Platz   Außergewöhnliche Beziehungen können doch fruchtbar sein.

9 am 3. Platz   Die ungewöhnliche Anspannung wird für einen allein zu groß sein.

9 am 4. Platz   Kraft ist ausreichend vorhanden; Hilfe zu suchen wird zu Bedauern führen.

9 am 5. Platz   Fruchtlose Beziehungen werden bald zerfallen. Es gibt weder Vorwürfe noch Lob.

6 am 6. Platz   Versuche, zuviel zu tun, werden zu Unheil führen, aber daraus entstehen keine Vorwürfe.

29   K'AN – Gefährliche Tiefe

Oberes Trigramm – K'an, Wasser

Unteres Trigramm – K'an Wasser

Urteil   K'an stellt eine Gefahr dar und wie man
                  wieder aus ihr herauskommt. Würdige
                  Handlungen des Rechtschaffenen werden
                  von hohem Wert sein.

Kommentar K'an weist auf die Wichtigkeit hin zu
                  erkennen, wann man in Gefahr handeln
                  soll und wann nicht. Anstand und Recht-
                  schaffenheit werden sich gegen die
                  Bedrohung durch Gefahren durchsetzen.

Das Bild   K'an symbolisiert die Notwendigkeit, all-
                  zeit wachsam zu sein, um die Tugenden
                  zu pflegen, damit man mit Gefahr fertig
                  wird, wann immer sie auftauchen mag.

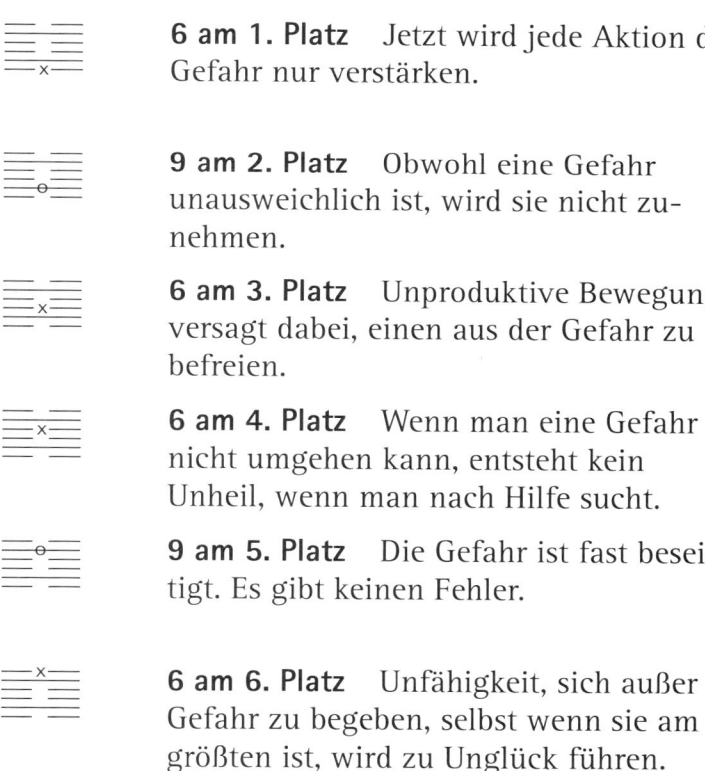

6 am 1. Platz Jetzt wird jede Aktion die Gefahr nur verstärken.

9 am 2. Platz Obwohl eine Gefahr unausweichlich ist, wird sie nicht zu-nehmen.

6 am 3. Platz Unproduktive Bewegung versagt dabei, einen aus der Gefahr zu befreien.

6 am 4. Platz Wenn man eine Gefahr nicht umgehen kann, entsteht kein Unheil, wenn man nach Hilfe sucht.

9 am 5. Platz Die Gefahr ist fast besei-tigt. Es gibt keinen Fehler.

6 am 6. Platz Unfähigkeit, sich außer Gefahr zu begeben, selbst wenn sie am größten ist, wird zu Unglück führen.

30   LI – Leuchten

Oberes Trigramm – Li, Feuer

Unteres Trigramm – Li, Feuer

Urteil   Li stellt Helligkeit und Intelligenz dar.
                Demut, gepaart mit Intelligenz, bringt
                Glück.

Kommentar Li zeigt, daß alles seinen korrekten Platz
                hat. Diese Tatsache sanftmütig anzuneh-
                men führt zu Erfolg.

Das Bild   Li symbolisiert die Kultivierung von
                Intelligenz und ihre Verbreitung.

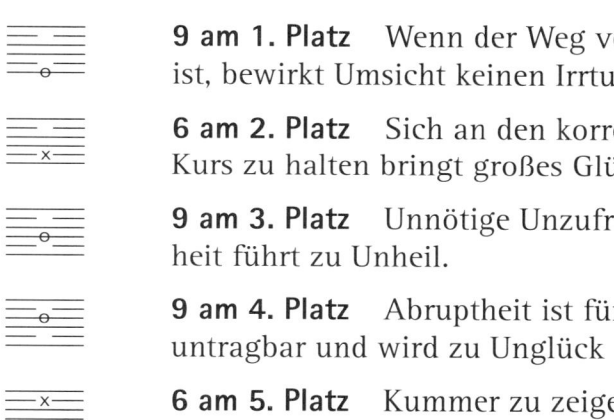

9 am 1. Platz   Wenn der Weg verwirrt ist, bewirkt Umsicht keinen Irrtum.

6 am 2. Platz   Sich an den korrekten Kurs zu halten bringt großes Glück.

9 am 3. Platz   Unnötige Unzufriedenheit führt zu Unheil.

9 am 4. Platz   Abruptheit ist für andere untragbar und wird zu Unglück führen.

6 am 5. Platz   Kummer zu zeigen weist auf innere Demut hin; Glück.

9 am 6. Platz   Falls große Leistungen Demut enthalten, entsteht kein Fehler.

31   HSIEN – Einfluß

Oberes Trigramm – Tui, See, Sumpf

Unteres Trigramm – Ken, Berg

Urteil   Hsien stellt dar, daß man Einfluß ausübt; bei Korrektheit wird er zu Glück führen.

Kommentar Hsien zeigt an, wie korrekter Einfluß Harmonie und Frieden hervorbringt.

Das Bild   Hsien symbolisiert das Offenhalten des Geistes, um empfänglich für äußere Einflüsse zu sein.

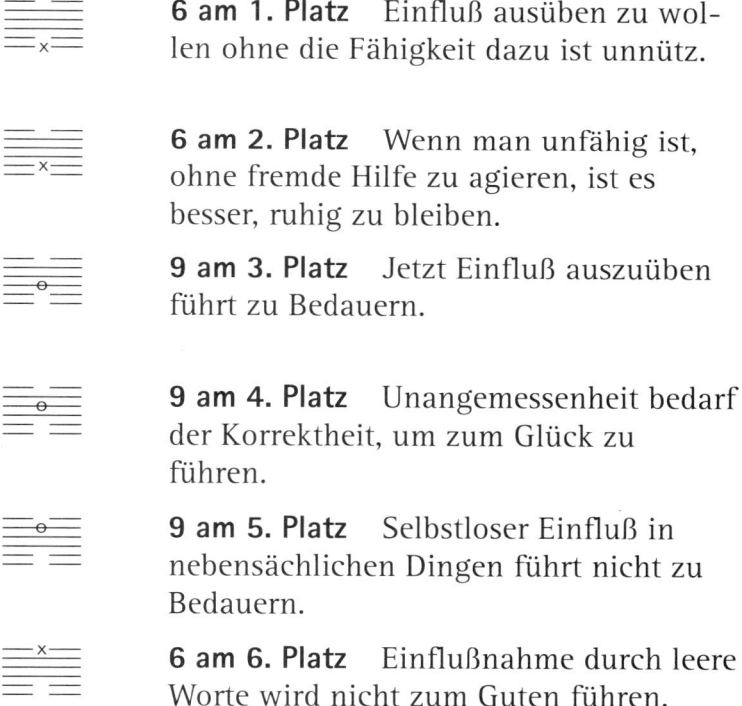

6 am 1. Platz   Einfluß ausüben zu wollen ohne die Fähigkeit dazu ist unnütz.

6 am 2. Platz   Wenn man unfähig ist, ohne fremde Hilfe zu agieren, ist es besser, ruhig zu bleiben.

9 am 3. Platz   Jetzt Einfluß auszuüben führt zu Bedauern.

9 am 4. Platz   Unangemessenheit bedarf der Korrektheit, um zum Glück zu führen.

9 am 5. Platz   Selbstloser Einfluß in nebensächlichen Dingen führt nicht zu Bedauern.

6 am 6. Platz   Einflußnahme durch leere Worte wird nicht zum Guten führen.

32   HENG – Ausdauer

Oberes Trigramm – Chen, Donner

Unteres Trigramm – Sun, Holz, Wind

Urteil   Heng stellt die Beharrlichkeit der Kor-
                 rektheit dar, die zu Fortschritt und Erfolg
                 führt.

Kommentar Heng weist auf die lange Dauer im Wesen
                 der Dinge hin.

Das Bild   Heng symbolisiert unveränderliche Akti-
                 vität und Unerschütterlichkeit.

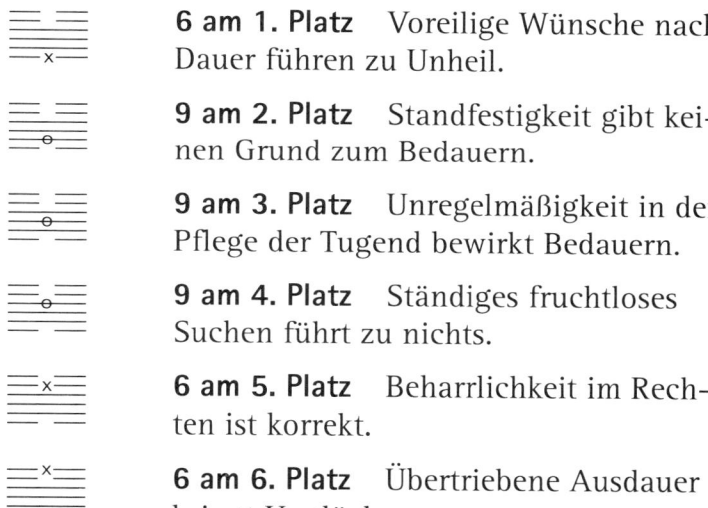

6 am 1. Platz   Voreilige Wünsche nach Dauer führen zu Unheil.

9 am 2. Platz   Standfestigkeit gibt keinen Grund zum Bedauern.

9 am 3. Platz   Unregelmäßigkeit in der Pflege der Tugend bewirkt Bedauern.

9 am 4. Platz   Ständiges fruchtloses Suchen führt zu nichts.

6 am 5. Platz   Beharrlichkeit im Rechten ist korrekt.

6 am 6. Platz   Übertriebene Ausdauer bringt Unglück.

33   TUN – Rückzug

Oberes Trigramm – Ch'ien, Himmel

Unteres Trigramm – Ken, Berg

Urteil   Tun stellt die Notwendigkeit dar, sich vor
minderen Menschen zurückzuziehen,
wenn diese in der Überzahl sind. Korrek-
tes Verhalten wird die üblen Wirkungen
dieser Aktion vermindern.

Kommentar Tun weist auf schädliche Umstände hin,
die man am besten vermeidet, indem
man sich zurückzieht.

Das Bild   Tun symbolisiert, daß sogar Rückzug
erfolgreich ist, da sich der sonst zu
erwartende Schaden dann nicht ereignen
kann.

6 am 1. Platz   Jede Bewegung wäre unvorteilhaft. Ruhe führt nicht zum Unglück.

6 am 2. Platz   Eine feste Absicht wird nicht gebrochen.

9 am 3. Platz   Menschen, die den Rückzug behindern würden, sollten ferngehalten werden.

9 am 4. Platz   Sich zurückzuziehen, obwohl man das nicht möchte bringt Glück.

9 am 5. Platz   Sich ehrenhaft und in korrekter Absicht zurückzuziehen bringt Glück.

9 am 6. Platz   Ein nobler Rückzug wird in jeder Hinsicht von Vorteil sein.

34   TA CHUANG – Große Kraft

Oberes Trigramm – Chen, Donner

Unteres Trigramm – Ch'ien, Himmel

Urteil   Ta Chuang stellt den Gedanken dar, daß
             Rechtschaffenheit die Stärke regieren
             und in Harmonie mit ihr bei der Durch-
             führung aller Geschäfte agieren muß.

Kommentar Ta Chuang weist darauf hin, daß große
             Macht sowohl unparteiisch wie selbstlos
             ausgeübt werden muß.

Das Bild   Ta Chuang symbolisiert Stärke, die
             benutzt wird, um sich selbst zu meistern.
             Der Fragende sollte sich bei jedem Schritt
             richtig verhalten.

9 am 1. Platz   Voreilig vorzugehen ist ermüdend und wird mit Sicherheit zu Leid führen.

9 am 2. Platz   Durch Korrektheit veredelte Kraft führt zu Heil.

9 am 3. Platz   Umsichtiger Gebrauch von Stärke hilft Gefahren zu vermeiden.

9 am 4. Platz   Mit Vorsicht und Korrektheit vorzugehen führt zu Glück.

6 am 5. Platz   Kontrollierte und geführte Kraft verursacht kein Bedauern.

6 am 6. Platz   Innezuhalten, weil man sich der Schwäche bewußt wird, bringt Heil.

35   CHIN – Fortschritt

Oberes Trigramm – Li, Feuer

Unteres Trigramm – K'un, Erde

Urteil   Chin stellt Fortschritt, Voranschreiten und Verbesserung dar.

Kommentar Chin zeigt das Vordringen und dessen Früchte an.

Das Bild   Chin symbolisiert den Nutzen, den man erlangt, wenn man sich bemüht, seine Tugenden zu pflegen.

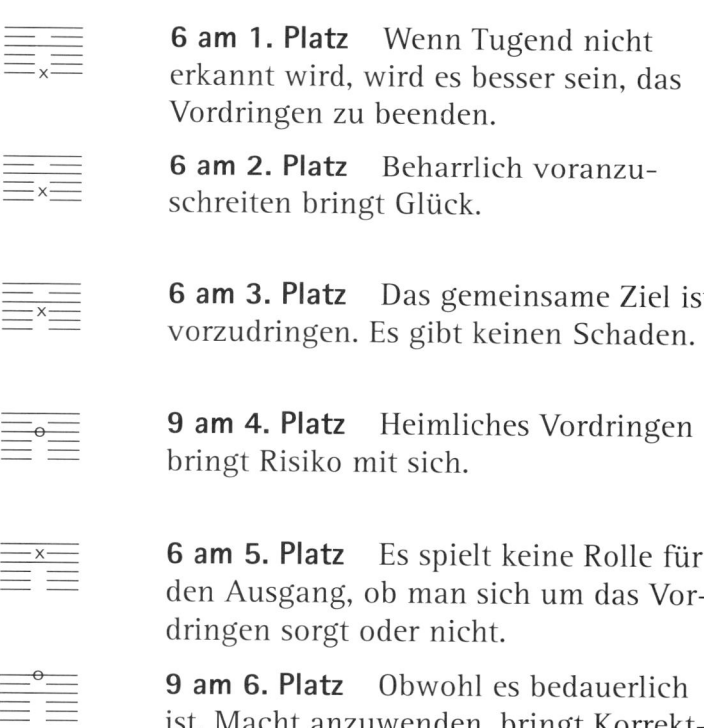

6 am 1. Platz Wenn Tugend nicht erkannt wird, wird es besser sein, das Vordringen zu beenden.

6 am 2. Platz Beharrlich voranzu-schreiten bringt Glück.

6 am 3. Platz Das gemeinsame Ziel ist vorzudringen. Es gibt keinen Schaden.

9 am 4. Platz Heimliches Vordringen bringt Risiko mit sich.

6 am 5. Platz Es spielt keine Rolle für den Ausgang, ob man sich um das Vor-dringen sorgt oder nicht.

9 am 6. Platz Obwohl es bedauerlich ist, Macht anzuwenden, bringt Korrekt-heit Glück.

36   MING I – Verwundete Intelligenz

Oberes Trigramm – K'un, Erde

Unteres Trigramm – Li, Feuer

Urteil   Ming I stellt Repression dar. Es ist vorteilhaft, Unterdrückung zu erkennen, wenn sie geschieht, und auf korrekte Weise der eigenen Absicht zu folgen.

Kommentar Ming I zeigt die Unterdrückung dessen an, was gut ist.

Das Bild   Ming I symbolisiert die Tugend, die darin liegt, die eigene Intelligenz bei der Führung von Geschäften zu verbergen.

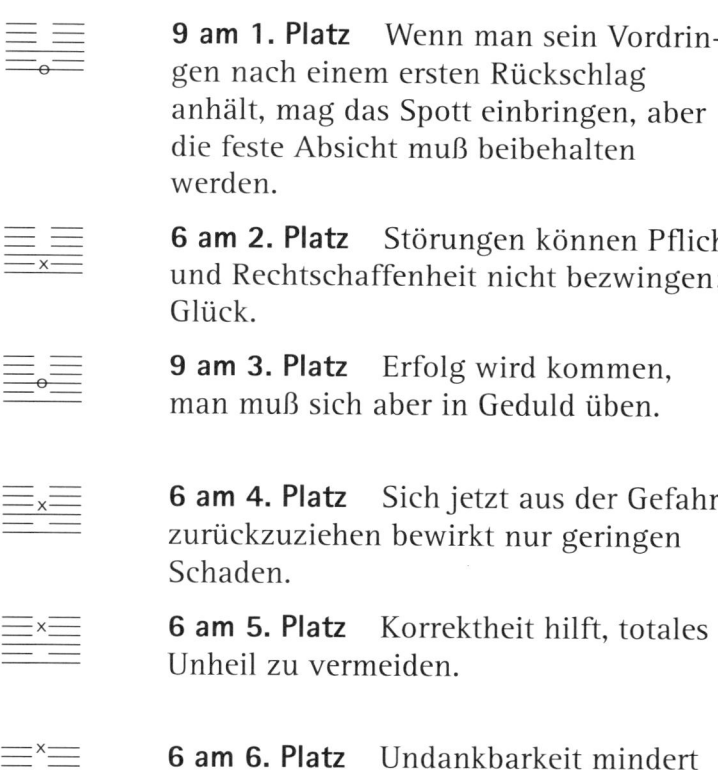

9 am 1. Platz   Wenn man sein Vordringen nach einem ersten Rückschlag anhält, mag das Spott einbringen, aber die feste Absicht muß beibehalten werden.

6 am 2. Platz   Störungen können Pflicht und Rechtschaffenheit nicht bezwingen; Glück.

9 am 3. Platz   Erfolg wird kommen, man muß sich aber in Geduld üben.

6 am 4. Platz   Sich jetzt aus der Gefahr zurückzuziehen bewirkt nur geringen Schaden.

6 am 5. Platz   Korrektheit hilft, totales Unheil zu vermeiden.

6 am 6. Platz   Undankbarkeit mindert den Wert eines Menschen.

37   CHIA JEN – Familie

Oberes Trigramm – Sun, Holz, Wind

Unteres Trigramm – Li, Feuer

Urteil   Chia Jen stellt die Regelung der Familie
                    dar, in welcher jedes Mitglied seine Rolle
                    spielt. Zuallererst ist es notwendig, daß
                    die Frau in allen Dingen korrekt ist.

Kommentar Chia Jen weist darauf hin, daß Autorität
                    zwar Kraft enthalten, aber auch durch
                    Sanftheit harmonisch gestimmt sein
                    muß.

Das Bild   Chia Jen symbolisiert die Tugenden von
                    Beständigkeit und Korrektheit in der Ord-
                    nung der Familie.

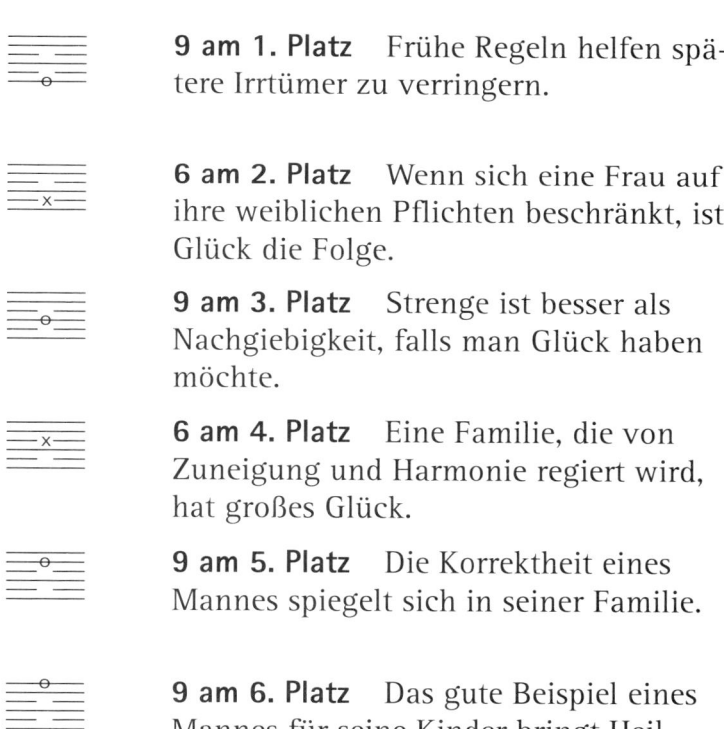

9 am 1. Platz   Frühe Regeln helfen spätere Irrtümer zu verringern.

6 am 2. Platz   Wenn sich eine Frau auf ihre weiblichen Pflichten beschränkt, ist Glück die Folge.

9 am 3. Platz   Strenge ist besser als Nachgiebigkeit, falls man Glück haben möchte.

6 am 4. Platz   Eine Familie, die von Zuneigung und Harmonie regiert wird, hat großes Glück.

9 am 5. Platz   Die Korrektheit eines Mannes spiegelt sich in seiner Familie.

9 am 6. Platz   Das gute Beispiel eines Mannes für seine Kinder bringt Heil.

38   K'UEI – Zwietracht

Oberes Trigramm – Li, Feuer

Unteres Trigramm – Tui, See, Sumpf

Urteil   K'uei stellt die Situation der Trennung dar und wie dieser Zustand korrigiert werden kann.

Kommentar K'uei zeigt einen Zustand, in dem sich Menschen mit unterschiedlichem Willen nicht in dieselbe Richtung bewegen.

Das Bild   K'uei symbolisiert den Gedanken der Zwietracht, sogar bei genereller Übereinstimmung.

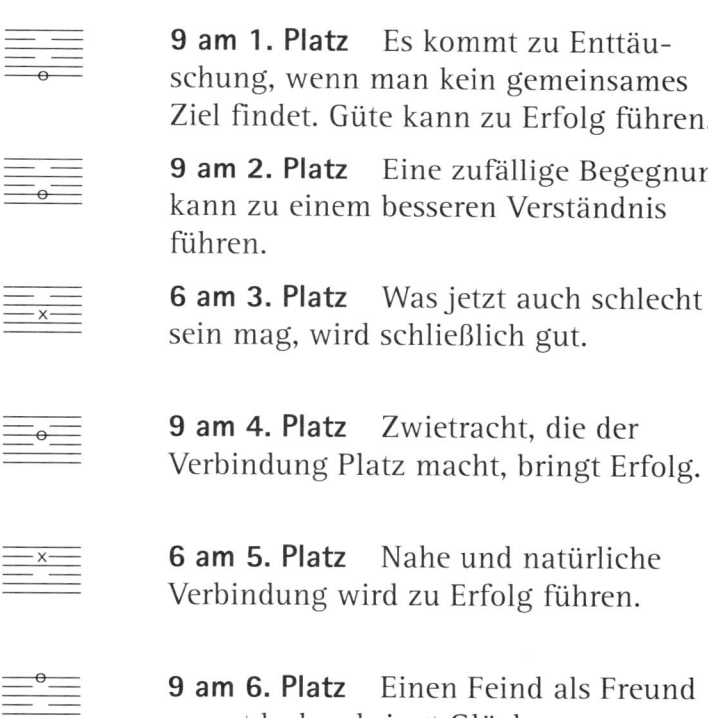

9 am 1. Platz   Es kommt zu Enttäu-
schung, wenn man kein gemeinsames
Ziel findet. Güte kann zu Erfolg führen.

9 am 2. Platz   Eine zufällige Begegnung
kann zu einem besseren Verständnis
führen.

6 am 3. Platz   Was jetzt auch schlecht
sein mag, wird schließlich gut.

9 am 4. Platz   Zwietracht, die der
Verbindung Platz macht, bringt Erfolg.

6 am 5. Platz   Nahe und natürliche
Verbindung wird zu Erfolg führen.

9 am 6. Platz   Einen Feind als Freund
zu entdecken bringt Glück.

39   CHIEN – Gehemmte Bewegung

Oberes Trigramm – K'an, Wasser

Unteres Trigramm – Ken, Berg

Urteil   Chien stellt unterschiedliche Umstände
dar, von denen manche die Aktion erfor-
dern und andere das Stillhalten. Unge-
achtet der Umstände ist immer Korrektheit geboten, um Glück zu erlangen.

Kommentar Chien weist auf kluge Vorsicht im Angesicht von Schwierigkeiten hin. Wenn
Gefahr in Sicht gerät, ist es am besten,
das Vordringen zu beenden.

Das Bild   Chien symbolisiert den Wert von Nachdenken und Selbstprüfung, wenn man
sich einer Gefahr oder Unsicherheit
gegenübersieht.

6 am 1. Platz   Jetzt vorwärtszugehen wird Schwierigkeiten vermehren; Korrektheit bewirkt keine Schande.

6 am 2. Platz   Obwohl sie mit den Schwierigkeiten nicht fertig wird, ist Korrektheit kein Schaden.

9 am 3. Platz   Vorzudringen ohne Unterstützung wird schwierig. Es ist am besten, auf eine bessere Zeit zu warten.

6 am 4. Platz   Es ist besser, sich mit einem Stärkeren zu verbinden und die richtige Zeit abzuwarten.

9 am 5. Platz   Man kann mit den größten Schwierigkeiten fertig werden. Freunde gewähren Unterstützung.

6 am 6. Platz   Es gibt keinen Ort, an den man gehen sollte. Verdienste ergeben sich, wenn man stillhält.

40   CHIEH – Hindernisse beseitigen

Oberes Trigramm – Chen, Donner

Unteres Trigramm – K'an, Wasser

Urteil   Chieh stellt die Beseitigung von Hinder-
                 nissen und Schwierigkeiten dar. Wenn
                 das erledigt ist, ist es besser, die alten Sit-
                 ten nicht zu verändern. Jede Aktion
                 sollte frühzeitig unternommen werden.
                 Das führt dann zu Glück.

Kommentar Chieh zeigt die Bewegung der Gefahr
                 oder die Beseitigung von Gefahr an.

Das Bild   Chieh symbolisiert die Aufhebung von
                 Unterdrückung. Der Fragende sollte sanft
                 und barmherzig sein.

6 am 1. Platz   Der Fragende begeht keinen Fehler.

9 am 2. Platz   Geradlinigkeit und Korrektheit bringen Glück.

6 am 3. Platz   Offensichtliche Verletzlichkeit lädt zum Angriff ein. Es gibt Grund zum Bedauern.

9 am 4. Platz   Die Umstände sind ungünstig. Nicht Gutes geschieht.

6 am 5. Platz   Wenn die Beseitigung aller Hindernisse vollendet ist, gibt es Heil.

6 am 6. Platz   Korrekte Ziele führen zu vorteilhaften Ergebnissen.

41   SUN – Verminderung

Oberes Trigramm – Ken, Berg

Unteres Trigramm – Tui, See, Sumpf

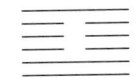

Urteil   Sun stellt die Abnahme oder Verminderung dar. Die Verminderung von Vermö-
gen selbst zu wollen, zum Beispiel durch
die korrekte Bezahlung von Steuern,
bringt großes Glück und Vorteil.

Kommentar Sun zeigt die Regelung von Beiträgen
entsprechend der jeweiligen Mittel an.
Wie klein der Beitrag auch sein mag,
bewirkt er Vorteil, wenn er freiwillig und
aufrichtig gegeben wird.

Das Bild   Sun symbolisiert, daß das, was an einer
Stelle vermindert wird, an einer anderen
vermehrt wird.

9 am 1. Platz   Auch wenn man anderen helfen möchte, darf man seine eigenen Angelegenheiten nicht vernachlässigen.

9 am 2. Platz   Aktion führt zu Schaden. Passivität hilft mehr.

6 am 3. Platz   Mehrfache Wieder-holungen von Gedanken oder Taten ver-ursachen Zweifel. Zielstrebigkeit bringt Erfolg.

6 am 4. Platz   Schwierigkeiten werden vermindert, wenn man Hilfe sucht; kein Bedauern.

6 am 5. Platz   Hilfe demütig willkom-men zu heißen führt zu großem Glück.

9 am 6. Platz   Mit anderen zu teilen, ohne die eigenen Mittel zu vermindern, bringt Glück und Vorteil.

42   I – Vermehrung

Oberes Trigramm – Sun, Holz, Wind

Unteres Trigramm – Chen, Donner

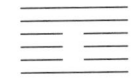

Urteil   I stellt Hinzufügung oder Vermehrung dar. Bewegung, gleich in welche Richtung, bringt Vorteil.

Kommentar I zeigt unbegrenzte Zunahme an und die Freude, die man dadurch erlangt.

Das Bild   I symbolisiert die Vermehrung dessen, was gut ist, und die Verminderung dessen, was schlecht ist.

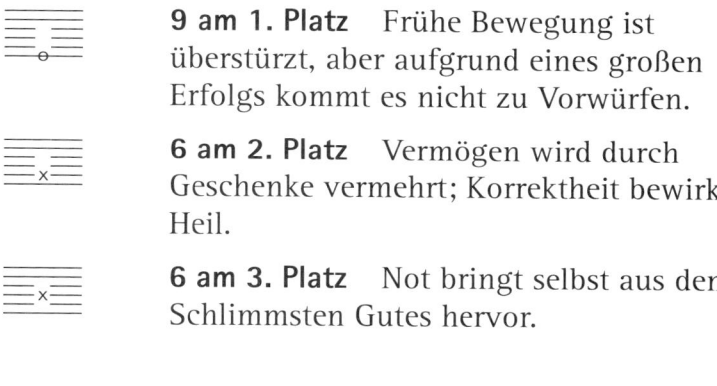

9 am 1. Platz   Frühe Bewegung ist überstürzt, aber aufgrund eines großen Erfolgs kommt es nicht zu Vorwürfen.

6 am 2. Platz   Vermögen wird durch Geschenke vermehrt; Korrektheit bewirkt Heil.

6 am 3. Platz   Not bringt selbst aus dem Schlimmsten Gutes hervor.

6 am 4. Platz   Selbstloses Vorgehen ist annehmbar und führt zum Vorteil.

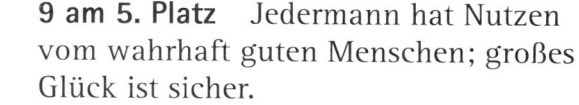

9 am 5. Platz   Jedermann hat Nutzen vom wahrhaft guten Menschen; großes Glück ist sicher.

9 am 6. Platz   Selbstsüchtige Bemühung um Vermehrung wird zur großen Bedrohung durch andere führen.

43   KUAI – Verdorbenheit beseitigen

Oberes Trigramm – Tui, See, Sumpf

Unteres Trigramm – Ch'ien, Himmel

Urteil   Kuai stellt den Umgang mit Missetätern dar. Wer sich dieser Aufgabe annimmt, muß den Missetäter anprangern und die Unterstützung anderer anregen. Das sollte so friedfertig wie möglich erfolgen, dann gibt es in jeder Hinsicht Vorteil.

Kommentar Kuai weist darauf hin, daß bei der Beseitigung von Missetätern keine selbstsüchtigen Motive herrschen dürfen.

Das Bild   Kuai symbolisiert, daß alles, was sich ansammelt, in der Folge wieder verteilt werden muß, so wie sich Wolken, welche aus der Verdunstung von Wasser entstehen, später in Regen verwandeln.

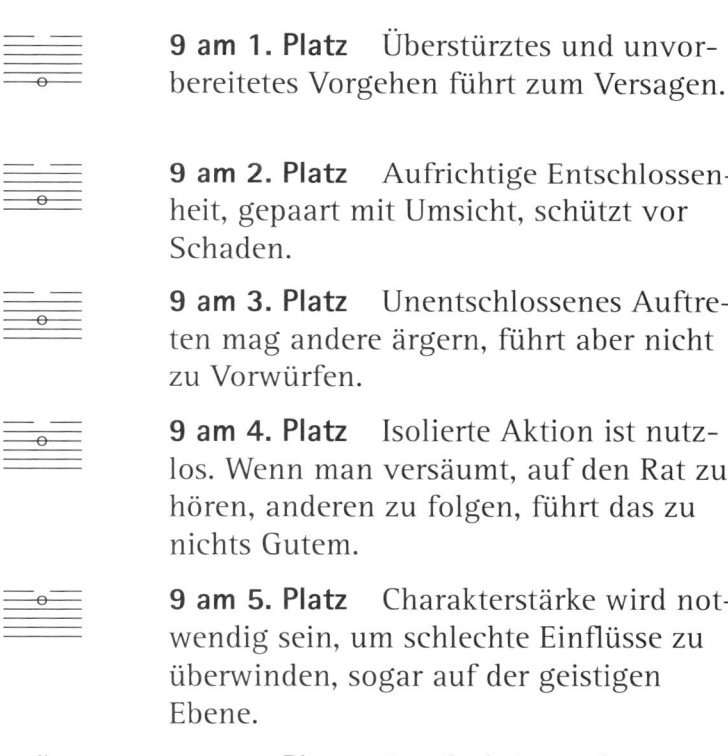

9 am 1. Platz   Überstürztes und unvorbereitetes Vorgehen führt zum Versagen.

9 am 2. Platz   Aufrichtige Entschlossenheit, gepaart mit Umsicht, schützt vor
Schaden.

9 am 3. Platz   Unentschlossenes Auftreten mag andere ärgern, führt aber nicht
zu Vorwürfen.

9 am 4. Platz   Isolierte Aktion ist nutzlos. Wenn man versäumt, auf den Rat zu
hören, anderen zu folgen, führt das zu
nichts Gutem.

9 am 5. Platz   Charakterstärke wird notwendig sein, um schlechte Einflüsse zu
überwinden, sogar auf der geistigen
Ebene.

6 am 6. Platz   Es gibt keinen, den man
um Hilfe bitten kann; Unheil.

44   KOU – Begegnung

Oberes Trigramm – Ch'ien, Himmel

Unteres Trigramm – Sun, Holz, Wind

Urteil   Kou stellt die plötzliche Begegnung oder das ungezwungene Treffen dar.

Kommentar Kou weist auf die unerwartete Begegnung mit schamloser Kühnheit hin.

Das Bild   Kou symbolisiert den Vorgang, überall einzudringen.

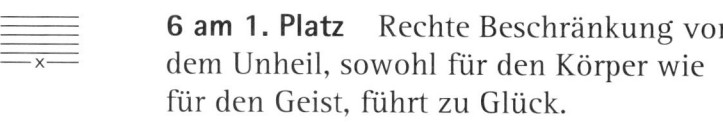

6 am 1. Platz   Rechte Beschränkung vor dem Unheil, sowohl für den Körper wie für den Geist, führt zu Glück.

9 am 2. Platz   Es ist kein Fehler, sich selbst mit dem Üblen auseinanderzusetzen, um andere zu schützen.

9 am 3. Platz   Es besteht eine Bedrohung, aber noch ist nichts verdorben; kein Unglück.

9 am 4. Platz   Allein zu stehen, voller Ungeduld und Mangel an Nachsicht, führt ins Unglück.

9 am 5. Platz   Geduld und Beherrschung bis zum richtigen Zeitpunkt bewirken, daß die folgenden Handlungen erfolgreich sind.

9 am 6. Platz   Seine Aktion darauf zu begrenzen, sich nicht mit dem Unheil auseinanderzusetzen, verursacht Bedauern, aber keine Schande.

45   TS'UI – Sich sammeln

Oberes Trigramm – Tui, See, Sumpf

Unteres Trigramm – K'un, Erde

Urteil   Ts'ui stellt Sammlung oder Ansammlung dar. Korrektheit darin bringt Erfolg und Vorteil in allem Tun.

Kommentar Ts'ui zeigt die natürliche Neigung der Dinge an, sich miteinander zu verbinden.

Das Bild   Ts'ui symbolisiert die Notwendigkeit, daß man eine Verbindung davor schützt, wieder aufgelöst zu werden.

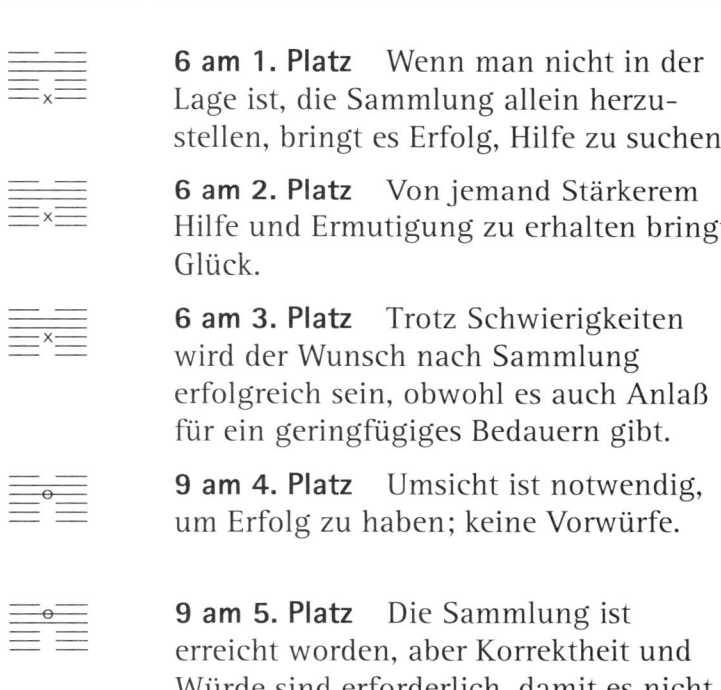

6 am 1. Platz Wenn man nicht in der Lage ist, die Sammlung allein herzustellen, bringt es Erfolg, Hilfe zu suchen.

6 am 2. Platz Von jemand Stärkerem Hilfe und Ermutigung zu erhalten bringt Glück.

6 am 3. Platz Trotz Schwierigkeiten wird der Wunsch nach Sammlung erfolgreich sein, obwohl es auch Anlaß für ein geringfügiges Bedauern gibt.

9 am 4. Platz Umsicht ist notwendig, um Erfolg zu haben; keine Vorwürfe.

9 am 5. Platz Die Sammlung ist erreicht worden, aber Korrektheit und Würde sind erforderlich, damit es nicht zu Fehlern kommt.

6 am 6. Platz Auch wenn man unfähig ist, die Sammlung allein zu erreichen, führt der Wunsch danach nicht zu Fehlern oder Vorwürfen.

46   SHENG – Aufsteigen

Oberes Trigramm – K'un, Erde

Unteres Trigramm – Sun, Holz, Wind

Urteil   Sheng stellt das Vordringen nach oben oder den Aufstieg dar. Macht, gepaart mit Bescheidenheit, wird großen Fortschritt und Erfolg erzielen.

Kommentar Sheng zeigt allmähliches Wachstum, das zur Erfüllung führt.

Das Bild   Sheng symbolisiert, daß es wünschenswert ist, die eigene Tugend und ihre Entwicklung aufmerksam zu pflegen, bis sie zur Reife gelangt ist.

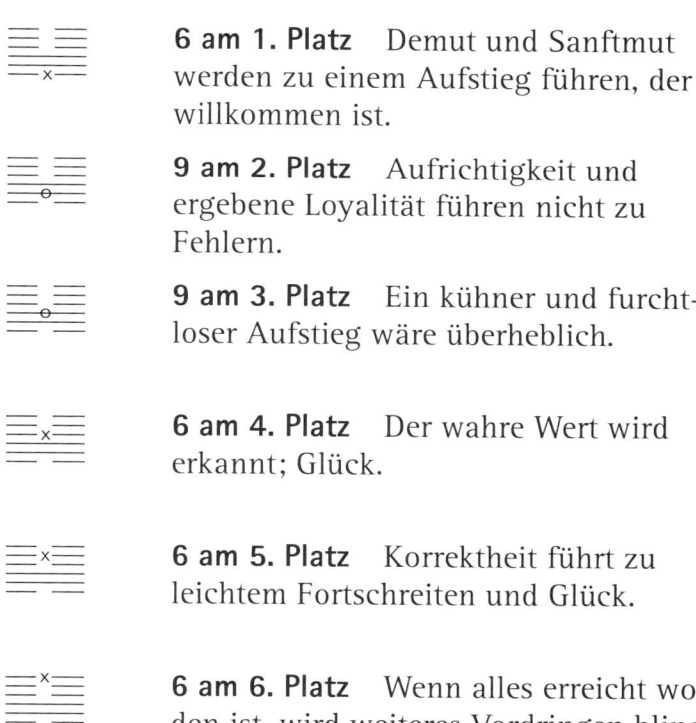

6 am 1. Platz   Demut und Sanftmut werden zu einem Aufstieg führen, der willkommen ist.

9 am 2. Platz   Aufrichtigkeit und ergebene Loyalität führen nicht zu Fehlern.

9 am 3. Platz   Ein kühner und furchtloser Aufstieg wäre überheblich.

6 am 4. Platz   Der wahre Wert wird erkannt; Glück.

6 am 5. Platz   Korrektheit führt zu leichtem Fortschreiten und Glück.

6 am 6. Platz   Wenn alles erreicht worden ist, wird weiteres Vordringen blind und fruchtlos sein.

47   K'UN – Unterdrückung

Oberes Trigramm – Tui, See, Sumpf

Unteres Trigramm – K'an, Wasser

Urteil   K'un stellt Bedrängnis oder Unter-
                drückung des Guten durch das Schlechte
                dar. Es bedarf größter Korrektheit, damit
                Glück entsteht und es nicht zu Fehlern
                kommt.

Kommentar K'un zeigt Stärke an, die durch Schwäche
                verdeckt wird. Der Fragende muß korrekt
                sein, damit die Bedrängnis aufgehoben
                wird.

Das Bild   K'un symbolisiert einen Zustand des
                Leids.

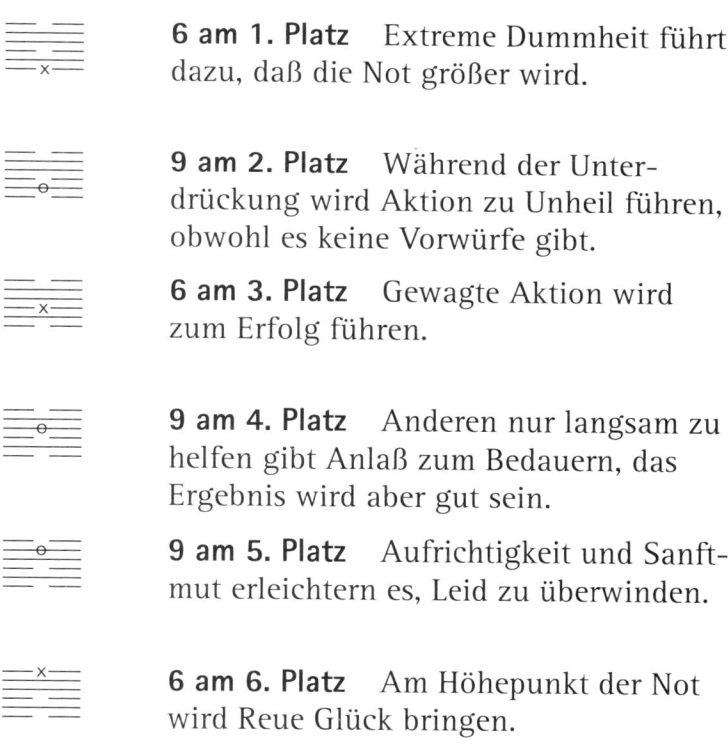

6 am 1. Platz Extreme Dummheit führt dazu, daß die Not größer wird.

9 am 2. Platz Während der Unterdrückung wird Aktion zu Unheil führen, obwohl es keine Vorwürfe gibt.

6 am 3. Platz Gewagte Aktion wird zum Erfolg führen.

9 am 4. Platz Anderen nur langsam zu helfen gibt Anlaß zum Bedauern, das Ergebnis wird aber gut sein.

9 am 5. Platz Aufrichtigkeit und Sanftmut erleichtern es, Leid zu überwinden.

6 am 6. Platz Am Höhepunkt der Not wird Reue Glück bringen.

48   CHING – Ein Brunnen

Oberes Trigramm – K'an, Wasser

Unteres Trigramm – Sun, Holz, Wind

Urteil   Ching stellt gegenseitige Hilfsbereitschaft dar, wie sie die unwandelbare Natur eines Brunnens symbolisiert, dessen Wert davon abhängt, daß man Wasser aus ihm schöpft.

Kommentar Ching zeigt an, daß der Eimer das Wasser erreichen und wieder nach oben gezogen werden muß, ohne vorher zu zerbrechen, damit es überhaupt einen Nutzen gibt.

Das Bild   Ching symbolisiert, wie man andere dazu anregt, untereinander hilfsbereit zu sein.

6 am 1. Platz   Korrupte und nutzlose Menschen stehen in einem schlechten Ruf.

9 am 2. Platz   Der Mangel an Bereitschaft anderer Menschen zur Zusammenarbeit führt zum Fehlschlag.

9 am 3. Platz   Hilfe, die zur Verfügung gestellt, aber nicht angenommen wird, nutzt keinem.

6 am 4. Platz   Ichbezogenheit nutzt anderen nicht. Es gibt weder Vorwürfe noch Lob.

9 am 5. Platz   Jeder schöpft das aus, was zur Verfügung steht; Erfüllung.

6 am 6. Platz   Nutzen, der unerschöpflich und allgemein zugänglich ist, führt zu großem Glück.

49   KO – Revolution

Oberes Trigramm – Tui, See, Sumpf

Unteres Trigramm – Li, Feuer

Urteil   Ko stellt das Wesen des notwendigen Wandels dar. Veränderung wird voller Mißtrauen und Abneigung betrachtet, bis ihre Wirkungen eingetreten sind. Erst dann erkennt und akzeptiert man sie. Aus Veränderung ergibt sich großer Fortschritt und Erfolg, falls sowohl seine Motive wie sein Ergebnis gut und korrekt sind.

Kommentar Ko weist darauf hin, daß man die Abneigung der Menschen gegen Veränderung nur rückwirkend überwinden kann.

Das Bild   Ko symbolisiert die Notwendigkeit, die Zeit für Veränderungen richtig zu wählen.

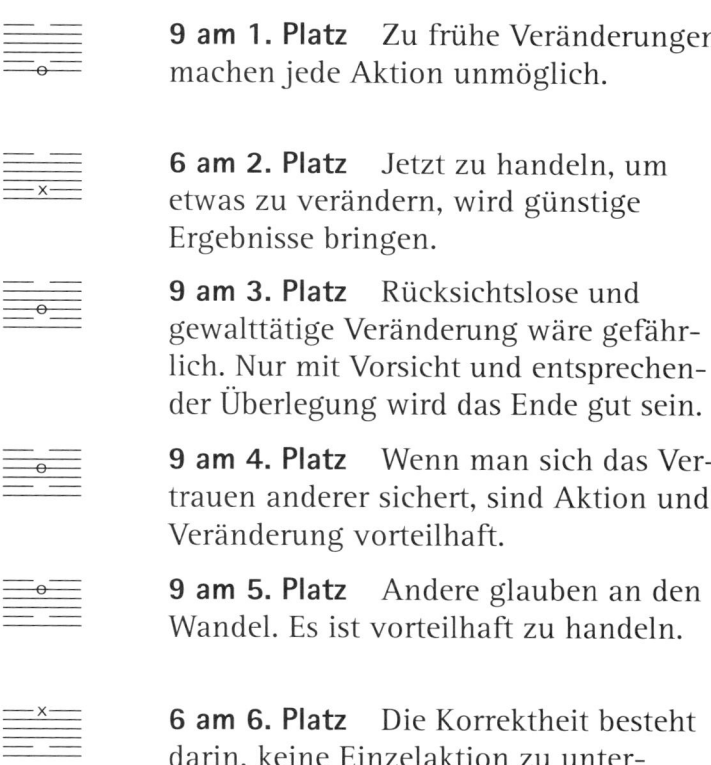

9 am 1. Platz   Zu frühe Veränderungen machen jede Aktion unmöglich.

6 am 2. Platz   Jetzt zu handeln, um etwas zu verändern, wird günstige Ergebnisse bringen.

9 am 3. Platz   Rücksichtslose und gewalttätige Veränderung wäre gefährlich. Nur mit Vorsicht und entsprechender Überlegung wird das Ende gut sein.

9 am 4. Platz   Wenn man sich das Vertrauen anderer sichert, sind Aktion und Veränderung vorteilhaft.

9 am 5. Platz   Andere glauben an den Wandel. Es ist vorteilhaft zu handeln.

6 am 6. Platz   Die Korrektheit besteht darin, keine Einzelaktion zu unternehmen; Glück.

50   TING – Der Kessel

Oberes Trigramm – Li, Feuer

Unteres Trigramm – Sun, Holz, Wind

Urteil   Ting stellt die Pflege von Talenten und Tugenden dar, die zu großem Fortschritt und Erfolg führt.

Kommentar Ting zeigt an, wie wertvolle Menschen gehegt werden sollten.

Das Bild   Ting symbolisiert, daß totale Korrektheit notwendig ist, um Vollkommenheit zu erreichen.

6 am 1. Platz   Es ist vorteilhaft, sich von dem zu befreien, was schlecht ist; kein Irrtum.

9 am 2. Platz   Durch Vorsicht kann man vermeiden, Feinden etwas in die Hand zu geben.

9 am 3. Platz   Jetzt gibt es einen Fehlschlag, aber Korrektheit wird am Ende Glück bringen.

9 am 4. Platz   Der Aufgabe nicht gewachsen und ohne Hilfe zu sein wird in Unglück enden.

6 am 5. Platz   Korrektheit bringt Vorteile.

9 am 6. Platz   Es ist alles erreicht worden. Es gibt großes Heil, und jede Handlung ist von Vorteil.

51   CHEN – Erregende Kraft

Oberes Trigramm – Chen, Donner

Unteres Trigramm – Chen, Donner

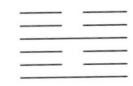

Urteil   Chen stellt dar, wie sich der Mensch, der am meisten Interesse an der Situation hat, in Zeiten erregender Kraft oder Bewegung verhalten sollte. Durch Sorgfalt und Voraussicht kann jede Gefahr verhindert werden.

Kommentar Chen zeigt Wohlbehagen und Entwicklung an.

Das Bild   Chen symbolisiert die Notwendigkeit, eigene Tugenden zu kultivieren und eigene Fehler zu überprüfen.

9 am 1. Platz   Wenn die richtige Zeit kommt, wird sich die Befürchtung als unbegründet erweisen; Glück.

6 am 2. Platz   In Zeiten der Bedrohung sollte man versuchen, sich zu befreien. Die Dinge werden schließlich wieder so werden, wie sie waren.

6 am 3. Platz   In der Verzweiflung werden Aktion und Bewegung nicht zu Fehlern führen.

9 am 4. Platz   Es gibt nichts zu tun. Es wird alles nur schlechter.

6 am 5. Platz   Risiko ist immer vorhanden, aber am Ende kommt Sicherheit.

6 am 6. Platz   Aktion wird zu Unheil führen, aber Vorausschau wird die Wirkung auf einen Tadel beschränken.

52   KEN – Gehemmte Bewegung

Oberes Trigramm – Ken, Berg

Unteres Trigramm – Ken, Berg

Urteil   Ken stellt Ruhe oder Hemmung dar; man ruht in dem, was recht ist, oder wird durch ein Hindernis in der Bewegung gehemmt.

Kommentar Ken zeigt an, wann es an der Zeit ist zu ruhen und wann die richtige Zeit zur Handlung gekommen ist. Daraus entsteht Vorteil. Man sollte nicht ichbewußt sein, ob man nun ruht oder sich bewegt.

Das Bild   Ken symbolisiert die Notwendigkeit, Aktionen auf die eigene Stellung im Leben zu beschränken.

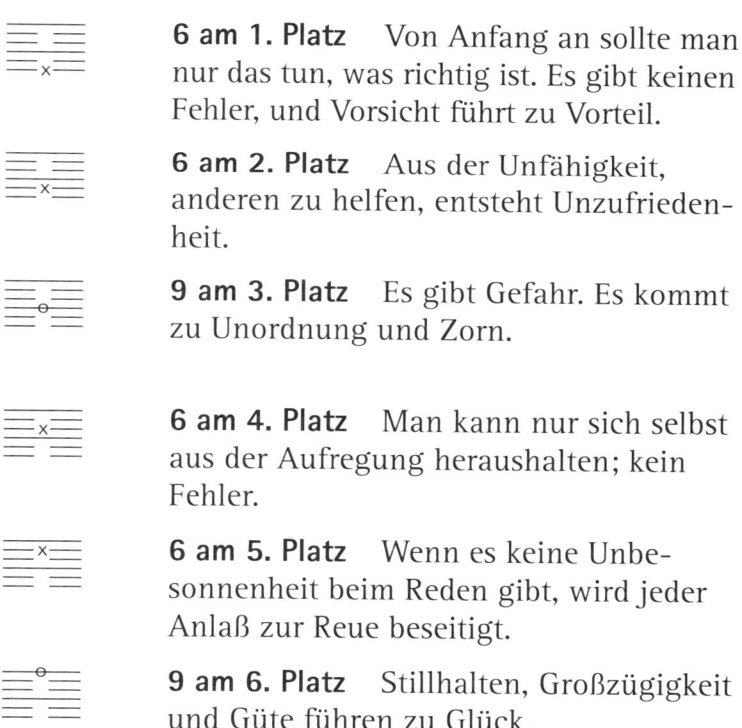

6 am 1. Platz Von Anfang an sollte man nur das tun, was richtig ist. Es gibt keinen Fehler, und Vorsicht führt zu Vorteil.

6 am 2. Platz Aus der Unfähigkeit, anderen zu helfen, entsteht Unzufriedenheit.

9 am 3. Platz Es gibt Gefahr. Es kommt zu Unordnung und Zorn.

6 am 4. Platz Man kann nur sich selbst aus der Aufregung heraushalten; kein Fehler.

6 am 5. Platz Wenn es keine Unbesonnenheit beim Reden gibt, wird jeder Anlaß zur Reue beseitigt.

9 am 6. Platz Stillhalten, Großzügigkeit und Güte führen zu Glück.

53 CHIEN – Allmählicher Fortschritt

Oberes Trigramm – Sun, Holz, Wind

Unteres Trigramm – Ken, Berg

Urteil   Chien stellt allmählichen Fortschritt oder
                   Wachstum dar. Korrektheit bringt Vorteil.

Kommentar Chien zeigt allmählichen Fortschritt an,
                   wie bei der Heirat einer jungen Frau, wo
                   jeder Schritt von der Werbung bis zum
                   Vollzug auf die richtige Weise ausgeführt
                   wird.

Das Bild   Chien symbolisiert, wie man außerge-
                   wöhnliche Tugend erlangen und erhalten
                   kann, indem man sich auf die allmähli-
                   che Natur seines Wachstums einstellt.

6 am 1. Platz   Gefahren bestehen aufgrund von Umständen, nicht wegen einem selbst; kein Fehler.

6 am 2. Platz   Wohlbefinden und Erfüllung werden, wenn man sie erlangt, zu Glück führen.

9 am 3. Platz   Stärke wird, auch wenn sie in der Pflicht versagt, am Ende nützlich sein.

6 am 4. Platz   Demut und Recht werden Schwächen überwinden; kein Fehler.

9 am 5. Platz   Obwohl man ein Opfer der Umstände ist, gibt es am Ende Heil.

9 am 6. Platz   Nachdem alles erledigt ist, wird weitere Nützlichkeit zu Glück führen.

54   KUEI MEI – Anstand

Oberes Trigramm – Chen, Donner

Unteres Trigramm – Tui, See, Sumpf

Urteil   Kuei Mei stellt Anstand dar und wie die Verletzung des Anstands zum Unheil führt.

Kommentar Kuei Mei weist darauf hin, daß man sich sorgfältig darum kümmern sollte, von Anfang an Anstand beizubehalten, damit am Ende kein Unglück geschieht.

Das Bild   Kuei Mei symbolisiert die Art und Weise, wie kleine Verstöße gegen den Anstand zu größerem Unheil führen könnten.

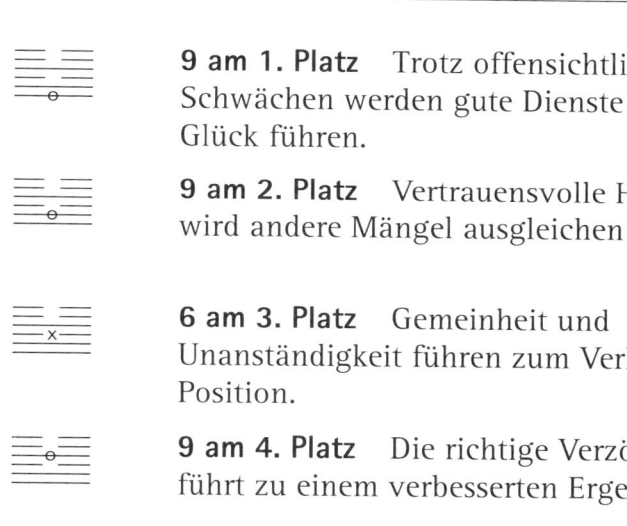

9 am 1. Platz Trotz offensichtlicher Schwächen werden gute Dienste zu Glück führen.

9 am 2. Platz Vertrauensvolle Hingabe wird andere Mängel ausgleichen; Vorteil.

6 am 3. Platz Gemeinheit und Unanständigkeit führen zum Verlust der Position.

9 am 4. Platz Die richtige Verzögerung führt zu einem verbesserten Ergebnis.

6 am 5. Platz Sich selbst gegenüber einem anderen an die zweite Stelle zu setzen führt zu Glück.

6 am 6. Platz Wenn man nicht beachtet, was sich schickt, kommt es zum Fehlschlag, und es gibt keinen Vorteil.

55   FENG – Wohlstand

Oberes Trigramm – Chen, Donner

Unteres Trigramm – Li, Feuer

Urteil   Feng stellt Überfluß und Wohlstand dar.
In diesem Zustand wird die Abwesenheit
von Befürchtungen zu Fortschritt und
Entwicklung führen.

Kommentar Feng weist auf das Wesen von Wohlstand
hin. Es liegt in der Natur der Dinge, sich
zu verändern. Auch Wohlstand wird sich
in Armut verwandeln. Es ist weise, Wohlstand so lange wie möglich aufrechtzuer-
halten.

Das Bild   Feng symbolisiert die Notwendigkeit, in
allen Entscheidungen Korrektheit und
Genauigkeit zu bewahren.

9 am 1. Platz Wohlstand wird durch gegenseitige Hilfsbereitschaft erhalten.

6 am 2. Platz Ratschläge, die man anderen gibt, stoßen auf Mißtrauen. Ernsthaftigkeit ist nötig, um Glück zu haben.

9 am 3. Platz Man sollte keine großen Dinge versuchen, Korrektheit wird aber nicht zu Fehlern führen.

9 am 4. Platz Sich sogar bei Dunkelheit von gleich zu gleich zu begegnen bringt Heil.

6 am 5. Platz Wenn man die Hilfe anderer hat, wird das Ergebnis bewundernswert sein, und es gibt Glück.

6 am 6. Platz Ichsüchtige Einzelgängerei wird zur Ächtung führen; keiner hilft, und es gibt Unheil.

56   LU – Der Wanderer

Oberes Trigramm – Li, Feuer

Unteres Trigramm – Ken, Berg

Urteil　　　Lu stellt das Reisen dar und wie sich Rei-
sende verhalten sollten. Durch Demut
und Integrität kann man Schaden vermeiden und Erfolg und Fortschritt erreichen.

Kommentar Lu zeigt die Qualitäten an, welche ein
Reisender　　　braucht,　　um　　ausgeruht,
bescheiden und intelligent zu sein.

Das Bild　　Lu symbolisiert die Ausübung von Weisheit und Vorsicht in allen Entscheidun-
gen.

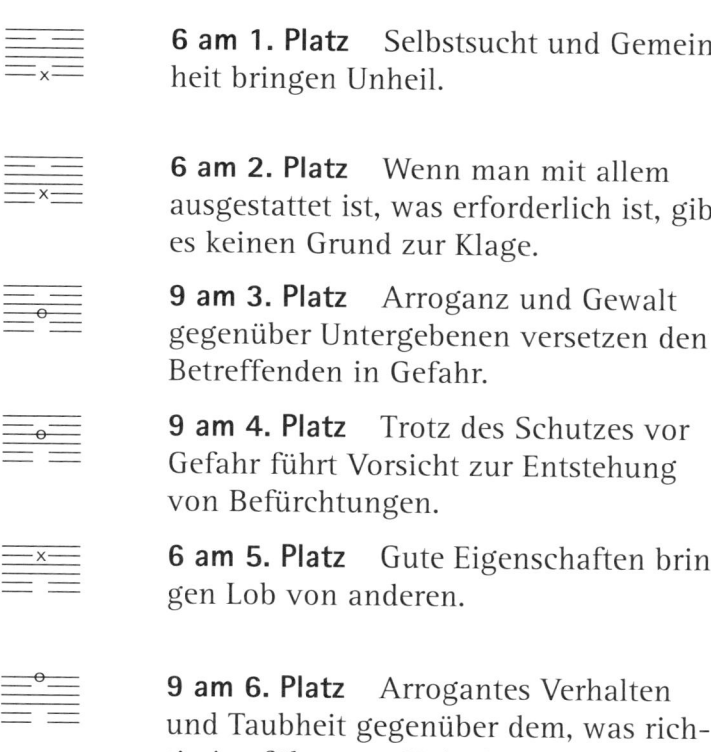

6 am 1. Platz Selbstsucht und Gemeinheit bringen Unheil.

6 am 2. Platz Wenn man mit allem ausgestattet ist, was erforderlich ist, gibt es keinen Grund zur Klage.

9 am 3. Platz Arroganz und Gewalt gegenüber Untergebenen versetzen den Betreffenden in Gefahr.

9 am 4. Platz Trotz des Schutzes vor Gefahr führt Vorsicht zur Entstehung von Befürchtungen.

6 am 5. Platz Gute Eigenschaften bringen Lob von anderen.

9 am 6. Platz Arrogantes Verhalten und Taubheit gegenüber dem, was richtig ist, führen zu Unheil.

57   SUN – Sanftes Eindringen

Oberes Trigramm – Sun, Holz, Wind

Unteres Trigramm – Sun, Holz, Wind

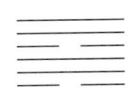

Urteil   Sun stellt den Vorgang der sanften Berichtigung und Verbesserung dar. Daraus entwickeln sich Erfolg und Fortschritt in kleinen Schritten, die zum Vorteil in jeder Hinsicht führen.

Kommentar Sun weist auf die Beziehung zwischen Vorgesetzten und Untergebenen hin. Rechtmäßige Anordnungen werden erlassen und auch befolgt, wenn ihr Zweck ist, das zu berichtigen, was falsch ist.

Das Bild   Sun symbolisiert die Zustimmung von Menschen zu Anordnungen, die richtig und gerecht sind.

6 am 1. Platz   In der Verwirrung besteht die Notwendigkeit, feste Anordnungen von anderen zu erhalten.

9 am 2. Platz   Die Aufrichtigkeit der Absichten wird Ablenkungen überwinden und zu Glück führen.

9 am 3. Platz   Ruhelosigkeit und Gewalt sind nutzlos und führen zu Bedauern.

6 am 4. Platz   Es ist alles erreicht worden, alles führt zu Erfolg.

9 am 5. Platz   Sanftmut und Korrektheit bringen Glück.

9 am 6. Platz   Ohne Gerechtigkeit wird jeder Versuch, Korrektheit durchzusetzen, Unheil hervorbringen.

58   TUI – Freude, Genuß

Oberes Trigramm – Tui, See, Sumpf

Unteres Trigramm – Tui, See, Sumpf

Urteil   Tui stellt Genuß oder Zufriedenheit dar.
                    Korrektheit ist wesentlich, um Fortschritt
                    und Erfolg zu erlangen.

Kommentar Tui zeigt freudige Zufriedenheit. Dieser
                    Zustand ermutigt die Menschen, furcht-
                    los harte Arbeit und Gefahr auszuhalten.

Das Bild   Tui symbolisiert das Talent, zu Freund-
                    schaft und Verbindung zu ermuntern.

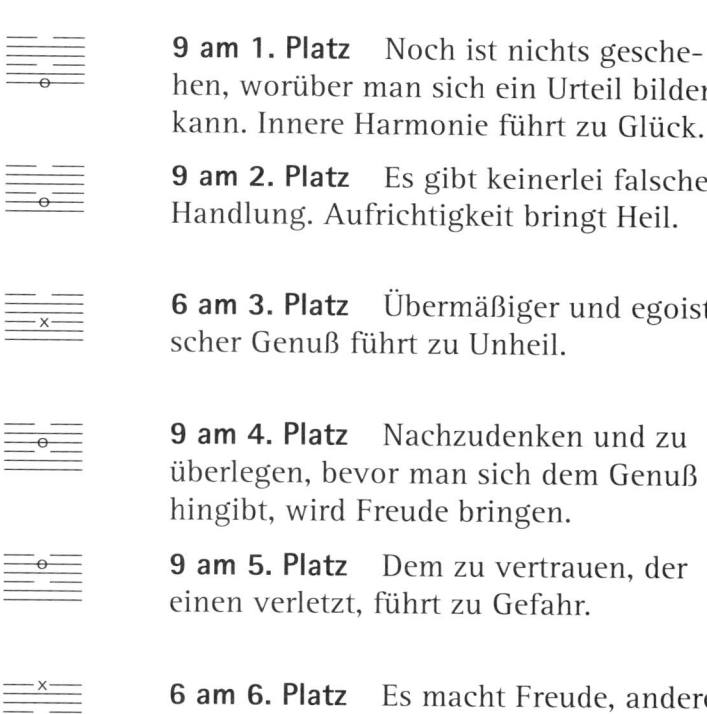

9 am 1. Platz Noch ist nichts geschehen, worüber man sich ein Urteil bilden
kann. Innere Harmonie führt zu Glück.

9 am 2. Platz Es gibt keinerlei falsche
Handlung. Aufrichtigkeit bringt Heil.

6 am 3. Platz Übermäßiger und egoisti-
scher Genuß führt zu Unheil.

9 am 4. Platz Nachzudenken und zu
überlegen, bevor man sich dem Genuß
hingibt, wird Freude bringen.

9 am 5. Platz Dem zu vertrauen, der
einen verletzt, führt zu Gefahr.

6 am 6. Platz Es macht Freude, andere
anzuziehen und zu führen; man muß
Korrektheit im Umgang mit Genuß
erzielen.

59   HUAN – Verteilung

Oberes Trigramm – Sun, Holz, Wind

Unteres Trigramm – K'an, Wasser

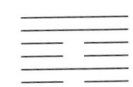

Urteil   Huan stellt Verteilung oder Zerstreuung
                  dar. Für die Menschen bedeutet das eine
                  Entfremdung von dem, was richtig und
                  gut ist. Um diesen Fehler zu berichtigen,
                  bedarf es ernsthaft ausgeübter Religion.
                  Dann können auch riskante Vorhaben
                  unternommen werden, vorausgesetzt,
                  daß Korrektheit und Recht herrschen.

Kommentar Huan zeigt den Fortschritt und Erfolg an,
                  den man erzielt, wenn man feste Korrekt-
                  heit in dem beibehält, was richtig ist.

Das Bild   Huan symbolisiert die Notwendigkeit von
                  Religion, um die Entfremdung von Recht
                  und Güte zu überwinden.

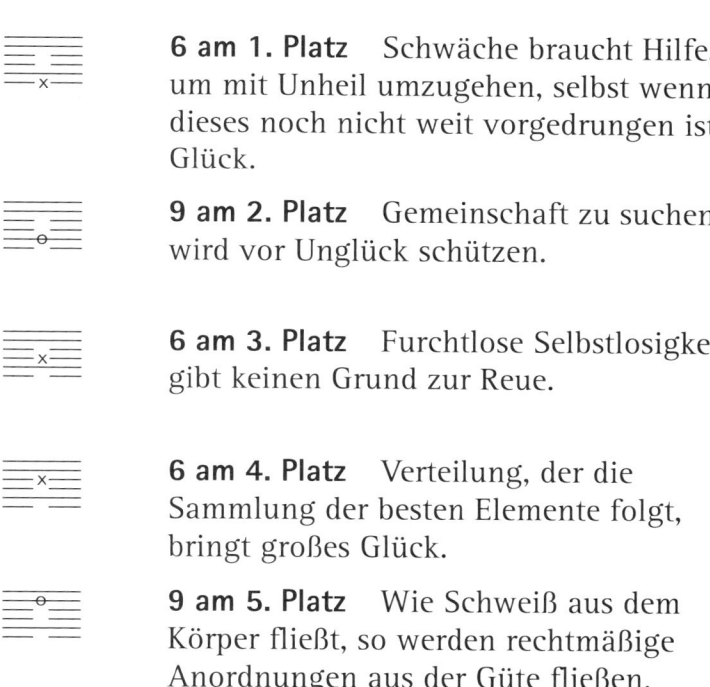

6 am 1. Platz   Schwäche braucht Hilfe, um mit Unheil umzugehen, selbst wenn dieses noch nicht weit vorgedrungen ist; Glück.

9 am 2. Platz   Gemeinschaft zu suchen wird vor Unglück schützen.

6 am 3. Platz   Furchtlose Selbstlosigkeit gibt keinen Grund zur Reue.

6 am 4. Platz   Verteilung, der die Sammlung der besten Elemente folgt, bringt großes Glück.

9 am 5. Platz   Wie Schweiß aus dem Körper fließt, so werden rechtmäßige Anordnungen aus der Güte fließen.

9 am 6. Platz   Abkehr von Gefahr führt nicht zu Vorwürfen.

60   CHIEH – Regelung

Oberes Trigramm – K'an, Wasser

Unteres Trigramm – Tui, See, Sumpf

Urteil   Chieh stellt die Regelung oder Beschrän-
                  kung dar. Reguläre Trennungen, falls sie
                  den Umständen entsprechen und nicht zu
                  streng sind, werden zu dauerhaftem
                  Erfolg führen.

Kommentar Chieh weist auf die beschränkte Dauer zu
                  strenger Regeln hin, die nicht lange auf-
                  rechterhalten werden können.

Das Bild   Chieh symbolisiert, daß ein Übermaß an
                  Beschränkung die Toleranz dafür bei
                  jenen zerstört, die von der Beschränkung
                  betroffen sind.

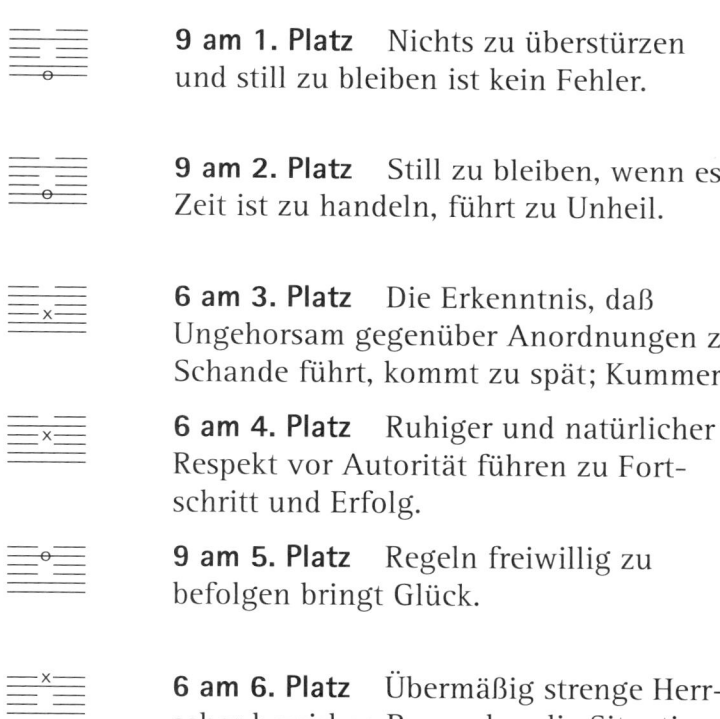

9 am 1. Platz   Nichts zu überstürzen und still zu bleiben ist kein Fehler.

9 am 2. Platz   Still zu bleiben, wenn es Zeit ist zu handeln, führt zu Unheil.

6 am 3. Platz   Die Erkenntnis, daß Ungehorsam gegenüber Anordnungen zu Schande führt, kommt zu spät; Kummer.

6 am 4. Platz   Ruhiger und natürlicher Respekt vor Autorität führen zu Fortschritt und Erfolg.

9 am 5. Platz   Regeln freiwillig zu befolgen bringt Glück.

6 am 6. Platz   Übermäßig strenge Herrscher bewirken Reue, aber die Situation verbessert sich.

61   CHUNG FU – Innere Aufrichtigkeit

Oberes Trigramm – Sun, Holz, Wind

Unteres Trigramm – Tui, See, Sumpf

Urteil   Chung Fu stellt den hohen Wert innerer Aufrichtigkeit dar. Ein Mangel an Geschäftigkeit und Selbstsüchtigkeit führt zum Vorteil.

Kommentar Chung Fu weist darauf hin, daß die Kraft der Aufrichtigkeit eine glückliche Zusammenarbeit zwischen unterschiedlichen Schichten von Menschen hervorbringt.

Das Bild Chung Fu symbolisiert die Qualität der Aufrichtigkeit, selbst die tiefsten Fragen oder Probleme zu durchdringen.

9 am 1. Platz   Nur freundliche Aufrichtigkeit im eigenen Selbst bringt Glück.

9 am 2. Platz   Tiefe Liebe für Aufrichtigkeit wird die Menschen in einem gemeinsamen Ziel verbinden.

6 am 3. Platz   Wenn man sich selbst gegenüber nicht aufrichtig ist, leidet man unter äußeren Einflüssen; Verwirrung.

6 am 4. Platz   Wenn man ablenkende Einflüsse abweist, führt dies zu größerer Aufrichtigkeit.

9 am 5. Platz   Aufrichtigkeit, die zu einer engen Verbindung mit anderen führt, bewirkt keinen Fehler.

9 am 6. Platz   Unwirksame Bewegungen, gleich, wie korrekt sie sein mögen, führen zu Schaden.

62   HSAIO KUO – Kleines Übermaß

Oberes Trigramm – Chen, Donner

Unteres Trigramm – Ken, Berg

Urteil   Hsaio Kuo stellt die Zulässigkeit geringfügiger Exzesse dar, wenn es sich um
                Dinge handelt, die für Korrektheit und
                Recht nicht wesentlich sind.

Kommentar Hsaio Kuo zeigt an, daß ein Übermaß in
                kleinen Dingen erfolgen darf und dies zu
                Glück führt.

Das Bild   Hsaio Kuo symbolisiert die Korrektheit,
                Demut und Wirtschaftlichkeit im Übermaß zu entwickeln.

6 am 1. Platz Ein übermäßiger Mangel an Demut führt unvermeidlich zu Unheil.

6 am 2. Platz Demütiges und loyales Vorgehen führen nicht zu Fehlern.

9 am 3. Platz Übertriebenes Vertrauen und ein Mangel an Verteidigungsmaß-nahmen führen zu Schaden und Unheil.

9 am 4. Platz Vorwärtszugehen wird gefährlich sein; man kann sich der Situation ohne übertriebene Aktion stellen.

6 am 5. Platz Es gibt Gefahr, aber keinen Schaden.

6 am 6. Platz Wenn man der Situation nicht gerecht wird, indem man den rechten Kurs übertreibt, ergibt sich Unglück.

63   CHI CHI – Vollendung

Oberes Trigramm – K'an, Wasser

Unteres Trigramm – Li, Feuer

Urteil   Chi Chi stellt Vollendung oder erfolgrei-
che Vervollkommnung dar. Man braucht
Korrektheit, um die natürliche Instabilität
der Dinge zu umgehen, sonst wird sich
das, was glückhaft war, in Unordnung
verwandeln.

Kommentar Chi Chi zeigt die Natur des Wandels an;
Ordnung wandelt sich in Unordnung und
Unordnung in Ordnung.

Das Bild   Chi Chi symbolisiert die Notwendigkeit,
Unheil vorauszusehen und Vorsichts-
maßnahmen dagegen zu treffen.

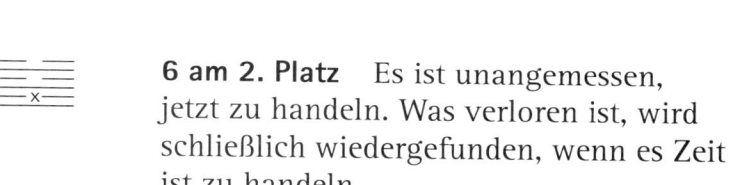

9 am 1. Platz Nach der Leistung sollte Ruhe kommen; keine Fehler.

6 am 2. Platz Es ist unangemessen, jetzt zu handeln. Was verloren ist, wird schließlich wiedergefunden, wenn es Zeit ist zu handeln.

9 am 3. Platz Langwierige und mühevolle Aktionen führen, trotz ihres erfolgreichen Ergebnisses, zur Erschöpfung.

6 am 4. Platz Es bedarf der Vorsicht. Sicherheitsvorkehrungen gegen Unglück sind weise.

9 am 5. Platz Geduld und Vorsicht, gepaart mit Aufrichtigkeit, bringen großes Glück.

6 am 6. Platz Jetzt gewalttätig zu handeln führt in Gefahr.

64   WEI CHI – Vor der Vollendung

Oberes Trigramm – Li, Feuer

Unteres Trigramm – K'an, Wasser

Urteil   Wei Chi stellt eine Zeit vor der Vollen-
                    dung dar, bevor das geleistet ist, was
                    man sich wünscht. Im Bewußtsein der
                    Natur des Wandels symbolisiert es ent-
                    weder eine Zeit, in der sich Ordnung in
                    Unordnung verändert hat, oder eine Zeit,
                    in welcher der Kampf, Ordnung zu erzie-
                    len, wiederaufgenommen wurde.

Kommentar Wei Chi zeigt, daß ein Mangel an Vor-
                    sicht, wenn man Unordnung zu ordnen
                    versucht, zum Fehlschlag führt. Durch
                    Vorsicht ergeben sich Fortschritt und
                    Erfolg.

Das Bild   Wei Chi symbolisiert den Mangel an Har-
                    monie und Ordnung.

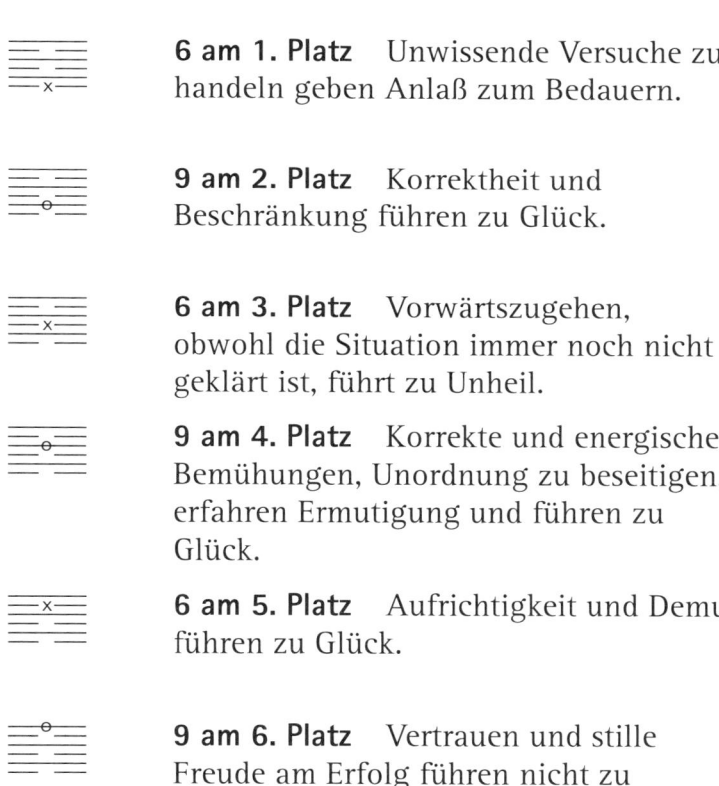

6 am 1. Platz   Unwissende Versuche zu handeln geben Anlaß zum Bedauern.

9 am 2. Platz   Korrektheit und Beschränkung führen zu Glück.

6 am 3. Platz   Vorwärtszugehen, obwohl die Situation immer noch nicht geklärt ist, führt zu Unheil.

9 am 4. Platz   Korrekte und energische Bemühungen, Unordnung zu beseitigen, erfahren Ermutigung und führen zu Glück.

6 am 5. Platz   Aufrichtigkeit und Demut führen zu Glück.

9 am 6. Platz   Vertrauen und stille Freude am Erfolg führen nicht zu Fehlern. Übertriebene Aktion bringt Unglück.

Wie man das I Ging befragt

Der Fragesteller nimmt drei Münzen zur Hand. Welchen Wert sie haben, ist unwichtig, obwohl es besser ist, wenn sie alle denselben Wert haben. »Kopf« stellt gewöhnlich Yang dar, »Zahl« steht für Yin. Bei jedem Wurf zählt Kopf als 3 und Zahl als 2. Es gibt vier Arten von Linien, die man durch einen Wurf mit drei Münzen bilden kann.

Die Münzen zeigen	Wert		dargestellt durch
3x Zahl	6	(veränderliche Linie)	—x—
2x Zahl, 1x Kopf	7	(junges Yang)	———
1x Zahl, 2x Kopf	8	(junges Yin)	— —
3x Kopf	9	(veränderliche Linie)	—o—

Das erforderliche Hexagramm wird gebildet, wenn wir die drei Münzen sechsmal werfen. Wir nehmen sie in beide Hände, schütteln sie und lassen sie fallen oder werfen sie. Am besten macht man das über der Mitte eines Tisches, so daß die Münzen nicht davonrollen. Der Wert der Münzen (Kopf 3, Zahl 2) wird addiert, und man zeichnet die entsprechende Linie auf das Papier, auf dem die Frage steht. Die erste Linie dient als Basis des Hexagramms, die folgenden Linien werden jeweils darüber gezeichnet. Das Hexagramm wird also von unten nach oben aufgebaut, und der Vorgang des Münzwurfs wird sechsmal wiederholt, bis das Hexagramm gebildet ist.

Der Schlüssel zu den Hexagrammen

Oberes Trigramm → / Unteres Trigramm ↓	☰	☳	☵	☶	☷	☴	☲	☱
☰	1	34	5	26	11	9	14	43
☳	25	51	3	27	24	42	21	17
☵	6	40	29	4	7	59	64	47
☶	33	62	39	52	15	53	56	31
☷	12	16	8	23	2	20	35	45
☴	44	32	48	18	46	57	50	28
☲	13	55	63	22	36	37	30	49
☱	10	54	60	41	19	61	38	58

Alternative Bezeichnungen der Trigramme und Hexagramme

Anmerkungen der Übersetzer

Hier zwei Übersichten zu unterschiedlichen Begriffen, wie sie im Westen für die chinesischen Zeichen des I Ging in Gebrauch sind. Die acht Trigramme in der Gegenüberstellung von PAUL SNEDDON und RICHARD WILHELM:

Paul Sneddon   Richard Wilhelm

– Ch'ien   Himmel   Das Schöpferische
– K'un   Erde   Das Empfangende
– Chen   Donner   Das Erregende
– K'an   Wasser   Das Abgründige
– Ken   Berg   Das Stillhalten
– Sun   Holz, Wind   Das Sanfte
– Li   Feuer   Das Haftende
– Tui   See, Sumpf   Das Heitere

Als Hintergrund und zum Vergleich zu den von Paul Sneddon vorgeschlagenen Namen der 64 Hexagramme nun noch eine Auflistung der Begriffe, wie sie von den beiden Autoren RICHARD WILHELM / JOHN BLOFELD angeboten werden.

1: Das Schöpferische / Das schöpferische Prinzip
2: Das Empfangende / Das empfangende Prinzip
3: Die Anfangsschwierigkeit / Die Schwierigkeit
4: Die Jugendtorheit / Die Unreife, Unbeherrschtes Wachstum
5: Das Warten (Die Ernährung) / Das Abwarten
6: Der Streit / Der Streit
7: Das Heer / Die Armee
8: Das Zusammenhalten / Das Zusammenhalten, Das Zusammenspiel
9: Des Kleinen Zähmungskraft / Der Kleine Ernährer
10: Das Auftreten / Das Auftreten, Die Lebensführung

11: Der Friede / Der Friede
12: Die Stockung / Der Stillstand, Die Hemmung
13: Gemeinschaft mit Menschen / Die Geliebten, Die Freunde, Die Gleichgesinnten, Allumfassende Brüderlichkeit
14: Der Besitz von Großem / Der Große Besitz
15: Die Bescheidenheit / Die Bescheidenheit
16: Die Begeisterung / Die Muße
17: Die Nachfolge / Die Nachfolge, Die Übereinstimmung
18: Die Arbeit am Verdorbenen / Der Verfall
19: Die Annäherung / Die Annäherung
20: Die Betrachtung (Der Anblick) / Das Herabblicken
21: Das Durchbeißen / Das Durchbeißen
22: Die Anmut / Die Vornehmheit
23: Die Zersplitterung / Das Häuten
24: Die Wiederkehr (Die Wendezeit) / Die Wiederkehr
25: Die Unschuld (Das Unerwartete) / Die Unschuld, Das Unerwartete
26: Des Großen Zähmungskraft / Der große Ernährer
27: Die Mundwinkel (Die Ernährung) / Die Ernährung (Der offene Mund)
28: Des Großen Übergewicht / Das Übermaß
29: Das Abgründige, Das Wasser / Der Abgrund
30: Das Haftende, Das Feuer / Die Flammende Schönheit
31: Die Einwirkung (Die Werbung) / Die Anziehung, Die Gefühlserregung
32: Die Dauer / Das Langdauernde
33: Der Rückzug / Das Nachgeben, Der Rückzug
34: Des Großen Macht / Des Großen Macht
35: Der Fortschritt / Der Fortschritt
36: Die Verfinsterung des Lichts / Die Verfinsterung des Lichts, Die Verletzung
37: Die Sippe / Die Familie
38: Der Gegensatz / Die Entfremdeten, Gegensätze
39: Das Hemmnis / Die Gefahr
40: Die Befreiung / Die Befreiung

41: Die Minderung / Der Verlust, Die Minderung
42: Die Mehrung / Der Gewinn
43: Der Durchbruch (Die Entschlossenheit) / Die Unerschrocken-
    heit
44: Das Entgegenkommen / Die Berührung, Die geschlechtliche
    Vereinigung, Das Zusammentreffen
45: Die Sammlung / Die Versammlung, Das Zusammenkommen
46: Das Empordringen / Der Aufstieg, Die Beförderung
47: Die Bedrängnis (Die Erschöpfung) / Die Bedrängnis, Die
    Erschöpfung
48: Der Brunnen / Der Brunnen
49: Die Umwälzung (Die Mauserung) / Die Umwälzung, Leder,
    Haut
50: Der Tiegel / Der Opfertiegel
51: Das Erregende (Das Erschüttern, Der Donner) / Der Donner
52: Das Stillehalten, Der Berg / Das Stillehalten, Die Beruhigung
53: Die Entwicklung (Allmählicher Fortschritt) / Der allmähliche
    Fortschritt
54: Das heiratende Mädchen / Das heiratsfähige Mädchen
55: Die Fülle / Die Fülle
56: Der Wanderer / Der Wanderer
57: Das Sanfte (Das Eindringliche, Der Wind) / Die bereitwillige
    Unterordnung, Sanftmut, Das Eindringen
58: Das Heitere, Der See / Die Freude
59: Die Auflösung / Das Zerstreuen, Die Auflösung, Das Verteilen
60: Die Beschränkung / Die Beschränkung
61: Innere Wahrheit / Inneres Vertrauen und Wahrhaftigkeit
62: Des Kleinen Übergewicht / Die Kleinen kommen durch
63: Nach der Vollendung / Nach der Vollendung
64: Vor der Vollendung / Vor der Vollendung

Quellenangaben:

- *I Ging – Text und Materialien,* aus dem Chinesischen, übersetzt von RICHARD WILHELM, Diederichs Verlag, ohne Ort,
  1973
- *I Ging – Das Buch der Wandlung,* herausgegeben von JOHN
  BLOFELD, O. W. Barth Verlag, Bern, München, 1983

Weitere Titel der ECON-Reihe Esoterik & Leben

Wulfing von Rohr/Gayan S. Winter
Zauber des Tarot *TB 19001-6*

Pearl
Die Engel sprechen zu Dir *TB 19002-4*

Ursula von Rohr
Edelsteine für Frauen *TB 19003-2*

Iris Bleeck
Botschaften der Seele *TB 19004-0*

Albert Padval
Düfte und Aromatherapie *TB 19005-9*

John Starr
Die Bedeutung deiner Hand *TB 19006-7*

Wulfing von Rohr
Karma und Reinkarnation *TB 19007-5*

Petra Kandelsberger/Annemarie Claucig
Bachblüten *TB 19008-3*

Daniel Jacobs
Das Geheimnis der Zahlen *TB 19009-1*

Azlan White/Wulfing von Rohr
Mondkraft *TB 19010-5*

Ursula und Wulfing von Rohr
Meditation *TB 19011-3*